為什麼事情做不完，你還在滑手機？

心理諮商師教你，

改善拖延，先從照顧情緒開始

7 Common Procrastination Traps

and How to Avoid Them...

心理諮商師 舒婭

——著

目錄 *Contents*

終結拖延2：稍後思維

——別對未來過度樂觀，我們能把握的只有現在

終結拖延3：情緒壓力

——拯救拖延的核心，是妥善處理情緒

目錄 *Contents*

終結拖延5：行動阻抗

——騎象人（理）與大象（情）的抗衡，重點永遠都在大象

終結拖延6：低效模式

——切斷分心的誘惑，重塑時間價值

目錄 *Contents*

序言

從不拖延的人世間難尋，幾乎每個人都存在不同程度的拖延。同樣，凡事都拖延的人也很罕見，因為沒有誰會無緣無故地選擇拖延，所有行為的背後都有其目的。

有些人拖延是為了逃避困難和痛苦，趨樂避苦的本能讓他們抗拒處理棘手的難題；有些人拖延是由於缺乏完成任務的相關技巧和能力，擔心把事情弄砸，暴露自己的不足；有些人礙於客觀原因無法直接表達不滿與憤怒，就選擇用拖延的方式實施被動攻擊；還有些人在面臨艱難的抉擇時，無法立刻作出決策，便用拖延來緩解焦慮……拖延，在行為方式上看似都差不多，實則背後隱藏的理由和目的紛繁複雜。

這也意味著，要終結拖延的問題，不是單純學習某一項技巧就能夠實現的，這是一項需要多管齊下的系統工程。現實生活中，多數人都不乏這樣的體驗和感觸：當你發自內心不想去做某件事，沒有去完成它的動機時，所有的計畫安排都是形同虛設；當你沒有足夠的能力去完成一項任務時，再好的時間管理法則也無法彌補致命的弱點；當你被困在情緒的沼澤無法自拔，或是被暫時的快樂與誘惑征服時，理性的分析與說服根本就是無稽之談，超級強大的本能力量輕而易舉就能把意志力打敗。

當然，這並不都是我們的錯。大腦科學與動物實驗的結論表明，拖延的天性是根深蒂固的，甚至已經寫入了人類的基因密碼。在人類進化所處的環境中，人們渴了就要喝水，餓了就要進食，有動力就要勞作。然而，進入紛繁的現代社會，用這種即時反應思維去處理長遠的計畫和機會時，拖延就成了必然會產生的副產品。畢竟，人類傾向於衝動而非理智，具有趨樂避苦、渴望及時享樂的天性。

無論是與生俱來，還是後天影響，我們都不能對拖延聽之任之。畢竟，它會破壞我們生活的方方面面，奪走健康、事業、財富、情感和幸福。你的拖延行為落在哪一個領域（如事業成就、自我提升、親密關係），決定了你將為拖延付出什麼樣的代價。

要戰勝拖延不容易，不僅因為天性使然，更因為這是一場持久戰，不是今天勝利了，未來就可以徹底擺脫它的困擾。所以，我們強調的「終結拖延症」，並不是讓拖延徹底不再出現，而是借助科學方法，掌握與之共舞的方法。

・・・

這本書總共包含七個部分，分別針對不同的問題進行闡述，並給出相應的解決策略和建議。希望讀者朋友能夠從科學的視角認識拖延症，並在閱讀完本書後，根據以下三個方面進行復盤和總結，設計出一套適合自己的克服拖延症的方法。

一、**防患於未然**：做好計畫安排，處理好情緒壓力，預防拖延行為的發生。

二、**覺察和干預**：當拖延冷不防地冒出來時，即時覺察和內省拖延的動機，並主動切斷拖延思維，建立對拖延過程的掌控。

三、**終結停滯狀態**：到底是理性地執行計畫，還是舒適地享樂？在情與理拉扯的處境下，在為做與不做而糾結時，學會把理性的苛責轉換成感性的觸動，從而終結拖延和停滯的狀態，借助微小的調整帶動改變的發生，邁出行動的步伐。

感謝你選擇這本書，祝你順利成為一個「行動派」。

自我測試：你拖延到什麼程度了？

生活中哪裡有窘迫和不舒服，哪裡就潛伏著拖延的種子。在開始這本書之前，我們先來做一個關於拖延的心理測試：下面提供了多個生活場景或情形，請如實作答，選「是」得1分，選擇「否」不記分，最後核算總分，看看你是否患了拖延症？你的拖延到了什麼程度？

Q1：每天坐在座位上第一件事總是打開網頁，而不是工作檔案？

是（1分）　否（0分）

Q2：從來沒有為工作列過計畫，也不瞭解時間管理？

是（1分）　否（0分）

Q3：總選擇最容易但最不重要的事做，越重要的事拖得越久？

是（1分）　否（0分）

Q4：很難立刻投入行動，總想等待一個所謂的「最佳時刻」再去做？

是（1分）　否（0分）

Q5：白天可以完成的事情，非要拖到晚上加班來做？

是（1分）　否（0分）

Q6：總是等到全部細節到位，確保完全有把握時再開始？

是（1分）　否（0分）

Q7：準備做事時腦子裡頻繁冒出其他想法，想先幹點別的再開始？

是（1分）　否（0分）

Q8：平日裡習慣了懶散，許多事都想著明天再做、改天再說？

是（1分）　否（0分）

Q9：無論別人怎樣催促，內心都不慌不忙，對拖延習以為常？

是（1分）　否（0分）

Q10：越計畫越複雜，最後乾脆取消計畫，或是無期限地推遲計畫？

是（1分）　否（0分）

Q11：辦公室裡總會擺放零食，上班時經常吃東西？

是（1分）　否（0分）

Q12：從來不會主動向上司彙報自己的工作情況？

是（1分）　否（0分）

Q13：每次同事或老闆問及工作進展時，總說「快了，再等等」？

是（1分）　否（0分）

Q14：經常因為時間緊迫，低品質完成任務，被同事或上司責備？

是（1分）　否（0分）

Q15：團隊合作的過程中，經常被孤立，沒有人願意與自己做搭檔？

是（1分）　否（0分）

自我測試：你拖延到什麼程度了？

0～4分：輕度拖延

你要提高警覺啦！多覺察和反思導致拖延的原因，是自身的主觀問題，還是外部環境所致？有針對性地處理癥結所在，防止拖延滋生，或是降低拖延的嚴重程度。

5～11分：中度拖延

拖延可能已經成為你的一種習慣了，想要改變它需要一點時間，也需要有耐力。在挖掘拖延動機的同時，建議多學習並掌握減少拖延的有效方法。

12～15分：重度拖延

你要重新審視自我啦！看看是否需要為自己的職業重新定位，找一份自己感興趣和符合能力專長的工作？你需要的不僅是克服拖延的技巧和方法，還有向內探尋。畢竟，深層的價值感，才是動力的源泉。

無論你是輕度拖延，還是到了「病入膏肓」的地步，這本書都值得你認真讀一讀。對抗拖延的過程，也是瞭解自我的過程，透過表面的現象和行為，你也許會發現其他不曾探究過的問題，從另一個角度重新認識自我並提升自我，獲得由內而外的蛻變！

終結拖延 1

深層動機

—— 沒有誰會故意選擇拖延，所有行為背後都有其原因

01 不是所有的推遲行為都叫「拖延」

提起拖延，幾乎沒有人會覺得陌生，打開電腦或手機，搜索一下可以發現許多關於「如何克服拖延症」的話題。可即便如此，被拖延困擾的人依舊屢見不鮮，人們對於拖延的誤解和疑惑也從未減少半分。在開始探討為何會拖延的問題之前，我們很有必要剖析一下，拖延到底是什麼？

拖延症的英文是「Procrastination」，是由拉丁字根「Pro（向前）」和「crastinus（明天）」組合成的拉丁語「procrastinus（向前推到明天）」演變而來的。單純從字面上看，「拖延」就是把事情推遲到明天，但拖延的實際意義遠比字面意義要複雜。

——晚上七點，公司召開年會，你計算著時間，臨近開始才到達會場。

——飛機八點鐘起飛，你並沒有在起飛前兩小時抵達機場。

——家裡出了急事，你暫時拋開一切，把所有事務都推遲了。

——有個專案可能會被砍掉，負責這份計畫書的你，不慌不忙地寫著。

在上述的這些事務中，都夾雜著些許的推遲，但它們不能稱為拖延。換句話說，拖延包含著推遲的成分，但不是所有的推遲行為都叫拖延。**拖延，是特指「非理性的推遲行為」，即明知道拖下去會讓情況變得糟糕，還是辦事拖拖拉拉**。在拖延的過程中，我們的意識很清楚，知道自己正在距好的結果漸行漸遠。

不是所有的事情都是同時發生，需要同時解決的。哪些事情現在就要做，哪些事情可以稍後再做，都是我們自己的選擇。這也反映出了一個事實，**不是推遲行為本身造成了拖延，而是我們如何抉擇造成了拖延**。

相信不會有人故意選擇拖延，因為那無異於受虐，自討苦吃。真正值得思考和探究的是：到底是什麼力量促使著我們，明知有些事情當下就該做，卻轉而去做另外的事？

請繼續往下看，你可能會瞥見腦海裡某一個若隱若現的念頭，或是觸動內心深處某一種似曾相識的感受，那裡面藏著拖延背後的原因和真相。

02 厭惡情結：人不可能追著完成討厭的任務

論文截稿日即將到來，幾人歡喜幾人淚流。

早上八點半，馬珂站在校外的影印店門口，焦急地等待著開門時刻。八月的夏日，悶熱難耐，汗順著臉頰流下，馬珂手裡緊緊攥著自己的隨身碟，那裡面存著他的畢業論文。終於等到了影印店開門，頗有經驗的店員在列印之前提醒馬珂：你的論文格式好像有問題，部分圖表出現了亂碼，圖片也不清晰，是不是需要重新調整？

聽到這番話，馬珂的腦袋「嗡」的一聲響，心也緊縮成了一團。距離截稿日期只有兩天了，這不是要命嗎？馬珂忍不住腹誹自己：為什麼事先沒想過換一臺電腦看看文檔？為什麼把寫論文的事拖到現在？他真怕自己苦讀十幾年，敗在一瞬間。

其實，準備畢業論文的時間是很充裕的，足足有半年之久。如果充分利用起來，真的是綽綽有餘。可惜，馬珂自從定了方向和題目後，就再也沒有著手去做。

被指導教授催了好幾次，才遞交上了一份稀裡糊塗的論文計畫。上交的那一刻，他已經做好了「被退回」的準備。

果不其然，這份計畫遭到了指導教授的一通「狠批」。幾經修改之後，他方才勉強得到了允許繼續撰寫論文。原本，馬珂的寫作水準就很差，再趕上一個艱難的題目，真是讓他備受折磨。儘管他每天都惦記著論文的事，可終究只是惦記，而並未採取任何行動。

人類是自我合理化的動物，一旦開始拖延，就會找各種理由自圓其說。

情景1：

週五晚上，馬珂制訂好了隔日的寫作計畫，週六一早他卻躺在床上遲遲不肯起來，還告訴自己說：「週末本來就是用來休息的，既然計畫已經打破了，不如再睡一會兒吧！」

情景2：

打開文檔，手機螢幕亮了，室友發來訊息邀約打球。馬珂猶豫了一下，但隨即就去赴約了，他心想：「運動一下，也許能幫我平復焦躁的心情，寫論文更有狀態。」

情景3：

遇到困難，需要查找資料，只是去圖書館路途遙遠，一想起來就懶。於是，馬珂找了一個微妙的理由：「先在網上查找一下，找不到再說。」想得很好，不料彈出的廣告框，卻讓馬珂的注意力完全跑偏了。

自我合理化，是自我防禦機制的一種，即用自己可以接受的理由，代替自己行為的真實動機，以便在心理上得到安慰；有時人們也會利用一些藉口來掩飾自己的行為，以及不願意承認的事實，來避免精神上的痛苦。

自我合理化的方式，對馬珂來說太受用了，屢屢幫他成功說服了自己，減輕心理負擔。遺憾的是，他沒有機會去瞭解自己的問題與癥結：為什麼寫論文這件事被一再地往後拖？

真相，也許你我都看到了。

真相1：馬珂討厭寫作，打從心裡不想寫畢業論文！

真相2：馬珂文筆較差，撰寫論文的能力不足，完成這項任務頗為困難！

想想看，面對一件自己很討厭，且沒有能力完成的事，誰會追著去完成它呢？如果可以放棄，那必然是敬而遠之，趁早脫離苦海；如果不得不做，推遲行動就成了最簡單、最直接、最有效的方法，能夠暫時迴避痛苦的選擇。

無論是西方的哲學家，還是東方的智者們，都已經告訴過我們一個事實：人生的底色是苦難。從我們呱呱落地開始，人生就充滿了急待解決的問題，每個問題本身便是痛苦。

我們要如何與這些痛苦相處呢？美國心理學家史考特．派克在《心靈地圖》（*The Road Less Traveled*）中，給出了坦誠而中肯的建議：

「面對問題，當我們選擇接受的時候，是痛苦的；解決的時候，更是不可避免地經歷恐懼、焦慮、擔心等痛苦。所幸的是一旦跨過這段痛苦，便會迎來喜悅和滿足，獲得戰勝痛苦的經驗，心靈亦隨之成長。而當我們選擇逃避的時候，會像鴕鳥一樣暫時迴避了痛苦。但不幸的是問題一直在那兒，不會自行消失，甚至會因錯失了絕佳的解決時機而越發難以解決。另外，又平添了對自己的責備、悔恨、內疚、不滿等負面情緒，痛苦越發翻倍。」

看看站在影印店裡的馬珂，不正是「鴕鳥心態」的演繹者嗎？

解決方法➡用「誘惑綁定」完成討厭任務

至此，我們已經清楚：當一項任務令人感到厭惡，且做起來很困難時，我們會更傾向於推遲行動。但是，生活不可能處處都隨人願，更不可能只選擇喜歡的事，排除所有不喜歡的、不想做的事。我們要解決的現實問題是，如何完成一項討厭的任務？

研究表明，把喜歡的事和不得不做的事結合起來，有助於完成原本可能推遲的事。這種方法被稱作「誘惑綁定」，是由賓夕法尼亞大學的凱薩琳·米爾科曼（Katherine Milkman）教授率先提出的。通俗解釋，就是將一個自己不太喜歡卻可以長久受益的行為，和一個自己當下能獲得愉悅的行為綁定在一起，在生活中的具體表現就是：只有在做那件你想要拖延的事情時，你才可以去做那件你喜歡的事。

舉個例子，你非常不喜歡洗碗，總是把這件事拖到下一次做飯之前，致使廚房看起來亂糟糟的，臨近做飯時又手忙腳亂。不過，你很喜歡聽3D大自然音樂，它能幫助你減緩焦躁、恢復平靜。這個時候，你就可以把洗碗和聽3D大自然音樂綁定在一起，這樣能夠緩解洗碗的枯燥與煩悶，讓你覺得這個過程不那麼痛苦。

這種綁定可以根據自己當下的實際情況靈活變化，其重點就在於用誘惑來對抗阻力。只要這個誘惑對你充滿吸引力，它就能在克服拖延的問題上為你助力。需要說明的是，捆綁在一起的兩件事，必須是能夠互補的。假如一項工作需要專注，那麼另一項事務也不能需要專心，因為我們很難一邊讀書一邊聽書，但要是一邊做飯一邊聽書，卻是可行的。

03 自證預言：從習得性無助走向拖延晚期

對心理學有所瞭解的朋友，應該都聽聞過「習得性無助效應」。所謂習得性無助，是美國心理學家塞利格曼（Martin Seligman）一九六七年在研究動物時提出的，即因為重複的失敗或懲罰而造成的聽任擺布的行為。塞利格曼用狗做了一個實驗：起初，把狗關在籠子裡，只要警報器一響，就施以難受的電擊，狗被關在籠子裡逃避不了電擊。多次實驗後，警報器一響，在電擊前，先把籠門打開，此時狗不但不逃跑，而是沒等電擊出現，就倒在地上開始呻吟和顫抖，原本可以主動逃跑的牠，絕望地等待著痛苦的降臨。

一九七五年，塞利格曼以一群大學生為受試者，得到了相同的發現。他將這些大學生隨機分成三組：給第一組學生聽一種雜訊，他們無論如何都不能讓雜訊停止；給第二組學生也聽這種雜訊，但他們可以透過努力使雜訊停止；第三組學生是對照組，不聽雜訊。

當受試者在各自的條件下進行一段時間的實驗後，再要求他們進行另外一種實驗。這個實驗的裝置是一只「手指穿梭箱」，當受試者把手指放在穿梭箱的一側時，就會聽到一種強烈的雜訊，而放在另一側時則不會出現這種雜訊。

實驗結果顯示：在原來的實驗中，能夠透過自身努力使雜訊停止的受試者，以及沒有聽雜訊的對照組受試者，他們在「手指穿梭箱」的實驗中，學會了把手指移到箱子的另一側，使雜訊停止。然而，第二組受試者，就是在原來的實驗中無論如何都無法讓雜訊停止的受試者，他們任由刺耳的雜訊拚命地響，也不把手指移動到箱子的另一側。

為了證明「習得性無助」對日後的學習會產生消極影響，塞利格曼又進行了另外一項實驗：他要求學生把下列的字母排列成字，如 ISOEN 和 DERRO，可以分別排成 NOISE（雜訊）和 ORDER（秩序）。學生想要完成這項任務，需要掌握 53124 這種排列的規律。實驗結果表明，原來實驗中產生無助感的受試者，完成這一項任務很困難。

透過習得性無助實驗，我們可以清晰地看出：當一個人面對不可控的情境時，認識到無論怎樣努力，都無法改變不可避免的結果後，就會產生放棄努力的消極認知和行為，表現出無助、無望和消沉等負面情緒。同時，習得性無助會進一步惡化當事人的身心狀態，影響他的理性判斷和學習的能力。

有的孩子一提起學習就蔫頭耷腦，磨蹭拖拉，或是只完成不太困難的任務。面對稍有困難的挑戰，他們很容易放棄，比如數學成績不好，他們可能會說：「我就是沒有數學細胞，怎麼努力也學不好」。之前連接不斷地遭遇挫敗，他們無力改變現狀，就陷入了無助的心理狀態中，自暴自棄。

不只是孩子，成年人也是如此。明明已經出現了三高的症狀，卻拖著不去透過鍛鍊身體和調整飲食來改善身體狀況，很可能是因為不相信自己會變好，也懷疑自己是否能夠日復一日地堅持下去。前幾份工作做得都不太理想，職場人際關係緊張，被同事排擠，被上司忽視，最後又慘遭裁員，而今已經失業三個多月，明知道銀行裡的餘額已不足，卻還是拖著不去找工作，以各種理由為自己辯解，其實是內心不再相信自己，甚至懷疑自己還會不會被雇用？

從某種意義上講，命運是自證預言的過程。人在陷入習得性無助中後，就會不自覺地按照已知的預言來行事，最終令預言發生。當你自認為不是讀書的料，就算有時間也不會去溫習，因為認定了讀了也不會懂，結果考試一塌糊塗，然後就對自己說：「我果然不是一個讀書的材料。」當你自認為這輩子都不會有人欣賞自己，就會在不知不覺中延續會讓自己變得更差的習慣，暴食、熬夜、懶散，結果真的把生活弄得一團糟。

自證預言在現實生活中被頻頻驗證，實際上就是心理暗示造成的結果。人在認識、瞭解自己的過程中，很容易受到外界影響，從而在自我認知上出現偏差。這種自我設限如同魔鬼之手，在你想要釋放潛能的時候，會一把抓住你，讓你退縮。最糟糕的是，時間久了，它會讓我們在心裡默認一個「高度」，並用它來暗示自己：我是不可能成功的。為了避免失敗，唯一的選擇就是拖延不去做。這一「躲」，很有可能就是畫地為牢。

解決方法 ⬇ 把失敗歸因於努力不足，讓自己繼續努力

塞利格曼指出，消極的行為事件或結果本身並不一定導致無助感，只有當這種事件或結果被個體知覺為自己難以控制和改變時，才會產生無助感。這種歸因方式容易使人產生消極情緒，最終陷入「習得性無助」中。要消除習得性無助感，最重要的是改變不良的歸因模式，不要總把失敗歸因於能力，嘗試把失敗歸因於努力因素，使自己更加努力。

電影《肖申克的救贖》裡，對於習得性無助具備極強免疫力的主人公安迪說：「每個人都是自己的上帝，如果你自己都放棄自己了，還有誰會救你。懦怯囚禁人的靈魂，希望可以令你感受自由。這個世界上可以穿透一切高牆的東西，就在我們的內心深處，那就是希望。希望是美好的事物，也許是世上最美好的事物，美好的事物永不消逝。」強者自救，聖者渡人。

04 懼怕失敗：要是不開始，永遠都不會失敗

大學畢業的第一年，愛琳的職場之路走得頗為坎坷。

第一份工作是經人介紹去的，在一家電子科技公司做業務。涉世不深的她，不擅長處理衝突，還滿心傲氣。結果，因對人事部的調動不滿意，衝動辭職。當時覺得很解氣，可生活很快就陷入拮据中。更糟糕的是，沒有工作經驗和一技之長的她，連續三個月都在奔忙著去各個公司參加面試，卻沒有一家給予回覆。

某個週五，終於有一家銷售煤礦設備的小公司錄用了愛琳，並約定下週一上班。就在那天上午，愛琳在人力市場和一位醫療器械公司的女主管相談甚歡，對方很看好愛琳，並邀請愛琳當天下午去公司詳談。

從規模和行業上來說，愛琳更傾向於後者。那天下午，她如約去了醫療器械公司。這家公司的硬體條件很好，主管開出的薪水也不低，可愛琳卻沒有當即同意，

說回去考慮一下，再給對方答覆。那個週末，愛琳滿心想的都是這件事，可她卻遲遲沒有給那位女主管打電話。

週一早上，愛琳徑直去了那家銷售煤礦設備的小公司。事實上，她並不喜歡這份工作，甚至有預感在這裡做不長久，只是臨時給自己找個安頓之處罷了。至於醫療器械公司那邊，她假裝一切都沒有發生過。

時隔十幾年後，愛琳回想起那件事，感慨頗多：「當初拖著不敢給醫療器械公司那邊回覆，一是希望對方放棄我，二是不想承受努力之後不能如願以償帶來的羞辱。我見證了那家公司的實力，但也正因如此，我才不敢去。我不確定自己是不是能做好這份工作，我很怕被他人審判，怕被人發現自己的不足……」

二〇〇九年，卡爾頓大學的提摩西．A．派切爾（Timothy A. Pychyl）教授帶領兩位研究生透過研究證明：導致拖延症的恐懼是多方面的，有人是因為缺乏信心而拖延；有人是害怕表現不好丟臉、傷自尊而拖延；還有人則是害怕自己失敗了，會讓自己最在意的人失望，所以拖延。

加利福尼亞大學伯克萊分校的理查．比瑞博士（Richard Beery）觀察到，害怕失敗的人往往都有自己的一套假設，比如：「我做的事情直接反映了我的能力」、

「我的能力水準決定了我的個人價值」、「我做的事情反映了我的個人價值」，簡單總結：自我價值感＝能力＝表現。他們需要用拖延來安慰自己，讓自己相信自己的能力大於表現。畢竟，比起把自己視為無能、無價值的人，責備自己懶惰、邋遢、高傲、不合作，要容易忍受得多。

解決方法 ⬇ 用成長式思維，克服對失敗的恐懼

史丹佛大學心理學家卡蘿．德威克（Carol S. Dweck）在研究「人怎樣面對失敗」的問題時，識別出了兩種截然不同的思維模式，即僵化式思維與成長式思維。

一、僵化式思維

這種思維模式認為，智力與才能是天生的，是固定不變的。成功就是要證明自己的能力，證明自己是聰明的、有才幹的。秉持這種思維的人，總是渴望讓自己看

起來很聰明、很優秀，容不得任何情況下的任何錯誤，因為錯誤是失敗的證據。他們遇到挫折就會立刻放棄，看不到負面意見中有益的部分，其他人的成功也會讓他們感覺到威脅。他們不想做任何可能會證明自己不能勝任，或證明自己沒有價值的事，這就為拖延創造了條件。

二、成長式思維

這種思維模式認為，能力是可以發展的，人可以透過努力變得更有才能、更優秀。秉持這種思維的人，會持續不斷地學習，勇於接受挑戰，在挫折面前不斷奮鬥，會在批評中進步，在別人的成功中汲取經驗，並獲得激勵。他們不會要求自己立刻擅長某件事，有時還會刻意嘗試一些自己不擅長的事，激發自身的潛能。

・・・

那麼，成長式思維要如何養成呢？在此提供幾條指導性建議，有需要的朋友可以參考：

Step 1：認識並接納自身的弱點。

Step 2：把挑戰視為學習和成長的機遇。

Step 3：找到自己的最佳學習方式。

Step 4：注重成長，而非被他人認可。

Step 5：享受學習過程，接納超過預期計畫的事情發生。

Step 6：學會給予並接受建設性意見，把批判視為學習的途徑。

Step 7：不斷制定新目標，學無止境。

礙於時間和客觀條件限制，無法對上述內容逐一展開，詳細闡述。畢竟，自我成長是一項系統的長期工程，需要花費時間和心力去學習和實踐。以上所列，意在提供大致的方向，無論怎樣，有章可循總好過大海撈針，希望這些建議可以讓你少走一些彎路。

05 約拿情結：為什麼我無法安心追求成功？

凌素的大學主修專業是漢語言文學，偶然的一次機會，她參加了校內舉辦的一個集體心理學的課程。隨著課程的深入，她發現自己對心理學非常感興趣，是她真正喜歡的領域。

課程要求，每週交一份兩千到三千字的心理學文章。凌素覺得篇幅太過簡短無法透徹地分析問題，便將文章的字數設定在五千字。想法是好的，可她總是因為其他原因而拖延，錯過正常遞交的時間。到了期末，要撰寫論文時，她也做了大量的研究工作，卻還是沒有如期交稿，結果這個課程只得了七十分。

結合凌素的平日表現，教授找她談了一番。在交談的過程中，教授說了這樣一句話：「我認為，妳似乎有點兒害怕……」凌素本以為教授會說「失敗」，沒想到教授說的卻是「成功」。凌素簡直震驚了，她自己都沒有意識到，她竟然害怕把自己喜歡的事情做好。

實際上，接觸心理學後，淩素就想過轉系，且教授也很看好她。如果她轉了系，就意味著她要和一群新的同學和老師相處，走一條與之前設想的不一樣的職業道路。她能夠聽到內心的召喚，卻有一股力量拽著她，讓她不敢去追隨。因為這意味著很多改變，也會讓她覺得自己真正擅長某個領域，這跟她慣常低調謙卑的形象完全不符。在她的信念裡，似乎只有處處優秀、被父母視為驕傲的姊姊，才有這樣的資格。

成功的體驗是美好的，可許多人在面對成功的時候，內心卻是矛盾的。他們想把事情做好，無意識中的焦慮又讓他們適得其反，結果就導致了拖延。

林杉是一位建築設計師，心心念念將來有一天能擁有自己的設計公司。然而，工作這些年，那些新奇的創意多半都只存活在他的腦海，鮮少會躍然紙上。整個設計學院裡，沒有誰願意跟林杉合作，因為他有嚴重的拖延傾向，總是不能在最後期限之前截稿。林杉自己也覺得痛苦，為什麼不能把設計在電腦上繪製出來，讓所有人看見呢？

其實，林杉希望別人喜歡他的設計，但如果有人稱讚他，他又會感到不安。所以，他的注意力多半都集中在自責與自愧上。在一次心理諮詢中，林杉終於逐漸看清了自己的內心，並說出了那份不安到底是什麼？

「如果我做得特別好，我開設了自己的公司，那麼我就會成為周圍人關注的焦點。他們會在意我的生意是否成功，期待我是否能夠不斷拿出有創意的作品……我害怕那種期待，要滿足這種期待的話，我必須不斷地加壓、不停地工作。那樣的話，我可能就沒有自由去享受生活的樂趣，以及懶散的愜意。」

很顯然，用拖延逃避成功的林杉，其實是害怕成功之後，別人會加大對自己的期待，這讓他感到焦慮。這就如同跳高，你一次又一次地努力，終於越過了一．二米高度的橫杆。然後，你眼睜睜地看著，別人把橫杆升高了。

現實生活中，人們對成功的渴望，遠比對成功的畏懼，更容易被識別出來。正因如此，很多拖延者自己都沒有意識到，他們總是拖延或不參與競爭，目的是把自己的優秀掩藏起來，逃避成功及其附帶的某種「威脅」。

對於這樣的現象，美國心理學家馬斯洛（Abraham Maslow）將其稱為「約拿情結」，並在筆記中這樣描述道：「我們害怕變成在最完美的時刻和最完善的條件下，以最大的勇氣所能設想的樣子。但同時，我們又對這種可能極為推崇。這是一種對自身傑出的畏懼，或躲開自己的卓越天賦的心理。」

為什麼叫「約拿情結」呢？這源於《聖經》裡的一段記載。

先知約拿奉上帝之命，前往尼尼微城去傳福音。這是一項難得的使命和榮譽，也是約拿一直以來嚮往的。可是，當他完成了這項使命，看到榮譽擺在自己面前時，卻感到了恐懼。於是，約拿把自己隱藏起來，不讓別人紀念他，並認為自己所做的事是不得已的，是承蒙神的恩典才完成的，名不副實。借助這樣的方式，約拿想把眾人的目光引到神那裡去。

明明很渴望機遇，卻在機遇到來的那一刻，選擇了退縮與逃避，這就是「約拿情結」。正因為這一心理的存在，很多人不敢去做自己原本可以做得很好的事，甚至逃避挖掘自身的潛力。這聽起來似乎有些矛盾，不容易理解，但這的確是事實：人們渴望成功，卻也害怕成功，因為凡事皆有代價。抓住成功的機會，意味著要付出相當大的努力，面對許多無法預料的變化，並承擔可能失敗的風險。

解決方法⬇打破心理防線，勇敢向前一步

心理學家研究發現，約拿情結作為一種普遍存在的心理現象和社會現象，其產生原因可以歸結為三個方面：

一、如果早年因自身條件的限制，經常產生「我不行」、「我做不到」的想法，即便日後有足夠的能力，慣性也會讓一個人保持這種自卑的心態。

二、如果周圍環境沒有辦法提供足夠的安全感和機會幫助一個人成長，那麼他就很容易「患得患失」，從而喪失有利的發展機會。

三、如果所處的社會文化過分強調「低調謙虛」、「不要出風頭」，為了迎合大眾心理，人也可能會隱藏光芒，自甘平庸。

那麼，要如何才能擺脫約拿情結的束縛呢？

當你在靠近自己渴望的目標的過程中，一旦心裡隱隱產生想要逃避的想法時，你要知道，這是你的防禦機制在發揮效用，你在試圖退縮到自己內心建立的安全堡壘中。意識到這是防禦之後，就要鼓起勇氣打破它，過程必然伴隨著痛苦，因為遠

離了舒適區。

正所謂不破不立，只有打破原有的心理防線，才能逐漸擴大心理領域，徹底地改寫生活。有時候，小試一把，獲得的鼓勵和肯定，會成為下一次行動的驅力。生命是一個連續的過程，每一個選擇面前都存在進退的衝突，如果每次都選擇勇敢地前進一步，那麼積累起來，就是不可小覷的大跨越。

06 完美主義：想等到萬事俱備的那一刻

提起拖延症，很多人立刻會聯想到懶散、不自律，其實並非所有的拖延症患者都沒有上進心。相反，他們中的不少人對自己要求甚高，傾向用完美主義的方式思考問題，一旦達不到自己設立的標準，就很難全心投入其中，這才誘發了拖延。

可能會有人質疑，連工作任務都完成不了，總是沓拖著不去行動，這怎麼看都不像是完美主義？其實，完美主義向來不是以工作結果或工作過程來評判的，而是以他們對自己的期待來評判的。關於這一點，我個人深有體會。

我在取得職業資格證書三年以後，才正式接個案。一直以來，我對心理諮商工作心存敬畏，對每一位鼓起勇氣走進諮商室的來訪者都充滿了敬畏。畢竟，人要直面自己的內心，真是一件艱難又困苦的事。正因如此，我更覺得自身的心理學知識不夠完備，哪怕一直堅持不斷地走在學習路上，卻還是想做更充分的準備，用專業的技能、真誠的態度，協助每一位選擇我、信任我的來訪者，探尋他們未知的心靈世界。

當身邊同輩的諮商師們逐一開始接個案時，我依舊站在這扇大門之外。儘管我已經具備了從業的資格，也準備了很長時間，可我還是在跟自己說：「再等等吧，再多學習學習，準備得更充分一點再開始。」其間有不少讀者找過我，想要做心理諮商。我給出的回應是，目前沒有時間，也還沒有準備好，但可以介紹更有經驗的諮商師給他們。給出這樣的回應後，讀者們多半都不太願意。這也是情理之中的事，內心的悲傷和痛苦，不是面對任何人都能夠說出來的。在螢幕另一端，我能感受到一些讀者的失落。

轉變的契機發生在我參加中級諮商師系統培訓課程之後。開課後不久，我遇見了兩位之前共同起步的同學，她們也在心理領域繼續深耕，從未停下精進的腳步。與我不同的是，她們已經做了幾百個小時的個案諮詢，真正踏上了從業之路。

午休時一起吃飯，在談到某些問題時，我發現她們的見解比我要深入多了。我也沒有避諱，說起了內心的猶豫和擔憂。我清晰地記得，同學跟我說了一句話：「不存在真正學『好』的那一天，教學相長就是了。」

回去之後，我一直琢磨這句話，內在的一些東西也開始逐漸清晰。原來，我一直拖延接個案是因為過分追求完美，希望可以協助來訪者解決他們的問題，也害怕自己在諮詢過程中存在處理不當的情況，所以總希望準備得足夠充分，再開始去做這件事情。

事實上，再資深、再有經驗的心理諮商師，也不一定能夠幫助所有的來訪者解決問題，也不能做到任何時候都不出現「失誤」，因為每個人都有侷限性。況且，真的做到完美，也未必是好事。當諮商師變成了無所不能的「神」，來訪者會是什麼感受呢？一段優質的諮商關係，應當是相互促進的，真實與真誠都很重要。

解開這一心理癥結後，我沒有再逃避，也沒有再拖延，而是開始正式接受來訪者的預約。這件事並不容易做，但也沒有想像中那麼艱難。在最初的階段，我也遇到過來訪者的沉默與阻擋，但我並沒有慌張。事後，我會反思自己在諮詢中的處理方式，覺察到哪裡有問題或不足時，會思考如何改進；如果真的有困惑，也會主動尋求督導。在這個過程中，我更為真切地領悟到理論在實踐中的呈現，如果不是親自去做諮詢，是不可能完全理解的。

美國心理學教授約瑟．法拉利（Joseph Ferrari）說：「生活中的某些拖延行為，其實並不是我們缺乏能力或努力不夠，而是某種形式上的完美主義傾向或求全觀念使得我們不肯行動，導致最後的拖延。」總想著要把事情做到滴水不漏，完美至極，不停地苛求，結果就是遲遲無法開始。

解決方法⬇承認不完美是常態，接受有缺陷的自己

完美主義不都是消極的，有「適應型」與「適應不良型」之分。

適應型的完美主義者，對自己的期望很高，雖然追求完美，可從未忘記尊重現實，他們相信自己有能力實現這份「完美」，並不斷地為之努力。最終，他們也真的走上了成功之路。

適應不良型的完美主義者，對自己的期望也很高，可這種期望是不切實際的。說白了，連他們自己都不確信能否實現內心的期待。在期望的同時，他們也會為這份期望懊惱，極力逃避「期望難以實現」的事實。拖延，恰恰就是他們逃避的途

徑。怎樣才能讓適應不良型的完美主義，逐漸回歸正常的軌道呢？

每一個冒險都會帶來困難和變化，正所謂「計畫趕不上變化」。即便你這一刻考慮得很周詳，計畫得很縝密，也無法準確預測最後的解決方案，過程中依然會有意外發生。所以，做好迎接困難的心理準備，大膽去做。

任何人都無法在行動前解決掉所有問題，聰明的人往往是在行動的過程中不斷地修正方案，遇到麻煩積極地想辦法解決。

當你力求完美，用拖延來延緩焦慮的時候；當你鑽牛角尖，為某些瑕疵糾結的時候；當你對某件事物感到恐懼和不自信的時候；當你萌生了貪婪、嫉妒的情緒的時候……都可以提醒自己說：「沒關係，沒有誰是完美的。」當你承認了不完美是常態，接納了那個有缺陷的自己時，心裡就不會再有糾結的感覺了。

細節固然重要，但全域意識更重要。做一件事時，總要在完成的基礎上，再去修正和完善；總得先有輪廓和框架，再談具體的內容。千萬不要因為某種形式上的完美主義傾向而導致最後的拖延。

萬物有裂痕，光從痕中生。願你能與自己和解，放下對完美的執念。

07 被動攻擊：看見躲在拖延背後的憤怒

二十八歲的蘇怡，身材生得嬌小，個性卻頗有稜角。她的職場路一波三折，前後換了三四家公司，總是碰到「合不來」的上司。眼下，蘇怡正在一家文化公司擔任企劃。不過，她已經跟閨密透露，這份工作做不長了。

「我實在看不慣那個女魔頭，每天找碴，拿著雞毛當令箭，以為公司是她開的呢！我這個人雖說沒有很強的事業心，可自問做事還算可靠，每次的企劃案都是用心做的，部門的同事也覺得不錯。唯獨到了她那裡，這也不行，那也不行，非得按照她的想法再修改一遍……我看過她修改後的方案，不是在我的基礎上添油加醋，就是給改得面目全非。最後，交到老闆面前，說她自己付出了多少心血！這種做作的樣子，太讓我討厭了。

「我心裡憋屈啊！以前，我就那麼忍著，把怨氣藏心裡。後來我想想，幹嘛非得委屈自己呀，很多時候錯並不在我。現在，給我安排下來的企劃案，我就給她拖著，哪怕腦子裡有想法，也遲遲不交上去，看她急得像熱鍋上的螞蟻，我覺得特痛快，內心一下子就平衡了。我就是想看看，她在老闆面前出醜的樣子……」

熟悉蘇怡個性的閨密覺得，蘇怡選擇用這樣的方式釋放對上司的不滿，很符合她的個性。一直以來，她都是個我行我素的「自由派」，討厭被世俗偏見以及那些不必要的規則束縛。學生時代，如果老師交代的是開放式的作業，讓大家自由發揮，蘇怡每次都能出其不意，且樂此不疲。如果是限制題目，她會覺得很壓抑，每次都要延期才交，做的內容也比較糊弄。

這裡有一個疑問：蘇怡的做法完全是個性使然嗎？換成另外一個性格內斂的人，會不會也用拖延的行為表達自己內心的不滿呢？答案是肯定的。

博士生小K因為重度拖延，已經讀了九年還未畢業。他犧牲了所有娛樂的時間，熬夜改論文，做試驗前的準備，看起來似乎一直都在行動，其實他三年前就在改文章，說要補充資料，可三年過後，進度還是老樣子，實驗始終沒能真正開始。

透過深入瞭解，我才知道他對自己的指導教授充滿了憤怒，因為指導教授壓著他的文章不讓發表，研究上沒有做具體的指導，只是一味地批評他、否定他。他有兩位博士學弟，因為難以忍受指導教授的作為直接選擇退學，另一位學姐因為對指導教授不滿鬧到學校，後來換了指導教授，一年後就發表了論文，順利畢業。

老實的小K不敢表達對指導教授的不滿，也承受不了退學的代價，就只好拿出積極的態度，透過做各種其他事情來拖延自己真正需要面對的問題。每次指導教授找他，他都在忙，但這種勤奮只是戰術層面的，目的是掩蓋戰略上的拖延，做的全是無用功。身處在權力等級的關係中，直接跟上司（或指導教授）抗衡不太現實。在這樣的處境下，拖延就成了表達憤怒的一種手段。無論是蘇怡還是博士生小K，都是在透過拖延來表達抗議。

心理學將「攻擊」分為兩種，一種是主動攻擊，另一種是被動攻擊。所謂被動攻擊，也叫作隱形攻擊，就是用消極的、惡劣的、隱蔽的方式發洩憤怒情緒，以此來攻擊令自己不滿的人或事，其表現形式有很多，如：表面上聽取意見、表示服從，私下卻用不配合、隨意敷衍、拖延等方式阻礙工作的正常進行；在他人做出成績、表現出色時，不給予讚賞和表揚，反而雞蛋裡挑骨頭；經常不遵守時間規定；很簡單、很容易兌現的承諾，卻總是失信於人。

人之所以會選擇被動攻擊，原因是多樣的。

通常情況下，被動攻擊的發起者在權力和地位不占優勢，他們害怕發生正面衝突，因而不敢或不願違背對方的要求，只好在表面上呈現出順從的姿態。但是，他們內心的抗拒是真實存在的，這份不滿和壓抑也需要釋放，而釋放的形式就是在背地裡進行破壞性的工作。

如果組織中的領導者是專制型的，無法容忍不一致的意見，那麼他周圍的人多半都不會正面去挑戰他，即使有不滿和不認同，也會用被動攻擊的方式表達。

有些人在成長過程中，受家庭觀念的影響，不允許表達負面情緒，否則的話就會招來懲罰或批評。這就限制了一個人憤怒情緒的表達，將來走向社會後，他就容易傾向於用被動攻擊的方式來表達不滿。

解決方法➡接受自己的憤怒，減少對他人的被動攻擊

被動攻擊是一種不成熟的自我防禦，因為它沒有從根本上解決問題。你以拖延

的方式表達不滿和憤怒，但對方並不瞭解你的感受，也就不會做出改變。下一次，他們還會以同樣的方式對待你。更糟糕的是，這種被動攻擊還可能會破壞彼此的關係，如長時間不回覆訊息、拖延完成任務，這樣的做法會讓對方沮喪又懊惱。

我們怎樣才能避免這樣的情況發生呢？或者說，如何減少用被動攻擊的方式處理問題？

Step 1：認識被動攻擊的行為模式

當有些問題「被看見」了，就有了理解和改變的可能，怕就怕意識不到問題所在？通常來說，被動攻擊主要有以下幾種典型模式：

- 否認憤怒——我很好，沒關係。
- 口頭順從，行為拖延——我打完遊戲就去工作。
- 停止交流，拒絕溝通——你說得對，就聽你的。
- 故意降低效率——我做報表了，但沒想到你是要最近一個月的。
- 規避責任——我以為這是××負責的。
- 忘記重要的事——我忘了檢查細節。

也許，在過往的日子裡，你不知道自己為什麼會出現上述情景，但現在希望你能夠意識到，它們可能是一種信號，提醒你內心對某人或某事存在不滿，你要重視它。

Step 2：嘗試接受自己的憤怒

威斯康辛大學綠灣分校心理學博士瑞安·馬丁（Ryan Martin），長期致力於對憤怒的研究。他在TED演講中提到：憤怒這種情緒並無「問題」，它是一種提醒。當我們憤怒時，要思考一下，到底是什麼讓自己如此生氣？是對方強勢的態度，對自己的不尊重，還是其他問題？無論是哪一種，當我們能夠正視憤怒時，就對自己有了更深入的瞭解。

Step 3：向自己信任的人表露情緒

想要立刻改變被動攻擊的行為模式，並不是一件容易的事，畢竟它已經成為一種自動的習慣。不過，就像我們前面所說，在意識到有些言行可能是被動攻擊時，可以嘗試向信任的人表露情緒。心理學研究證實，當我們能夠坦誠地表露自己的感受時，不但不會損害關係，反而還會促進彼此的情誼。

08 自欺欺人：先踏上一條看似安全的岔道

上次去婦幼醫院的牙科洗牙時，碰見了許久不見的高中同學，她帶女兒來補牙。在婦幼醫院看牙的患者中，百分之九十都是孩子。有些孩子的牙齒已經爛到了根部，只能拔掉爛根，更有甚者，已經影響到了齒槽骨。同學告訴我，她女兒的乳牙基本上全都壞了，有兩顆牙已經拔掉了，她們看牙歷程已經有四個月了，每週都要來一次。

碰到這樣的情況，多數人心裡都會產生疑問：「怎麼不早一點帶孩子來看呢？」在醫院裡，我們也經常會聽到這樣的詢問。但我知道，面對已經不可更改的事實，向當事人詢問這樣的話，是一種莫大的傷害，會讓他們更自責。

所以，我沒有深問，只是簡單地聊了一下治療方式，也安慰她說，現在乳牙都在積極治療，過兩年還會換恆牙，定期檢查的話，有什麼問題都能即時解決。見我的態度比較中立，對她沒有任何評判，同學的語氣和態度突然變了，竟主動跟我說了她的感受和想法。

「孩子的牙齒，從兩歲多就開始有變黑的跡象了。開始，就是前面的門牙泛黑，我也沒太在意。後來，其他的牙齒陸續也開始有黑色的齲齒，我想過帶她來看，可又擔心她年齡太小，不能配合醫生，在治療室大哭大叫。再者，我自己也害怕，就一直拖著沒看。

「我知道孩子的牙有問題，也知道齲齒不治療會變得嚴重，但看孩子平日裡不疼不癢，吃喝都正常，我就抱著僥倖心理，希望能堅持到換牙。前段時間，孩子突然喊牙疼，吃不了東西，晚上也睡不好覺，我知道這件事拖不了了。雖然心裡還是很害怕，可是沒辦法了呀，不面對不行了，就來醫院了。

「想想自己也挺愚蠢的，知道孩子的牙有問題，就是拖著不看，還希望問題能自己消失。要是早點帶她來，可能問題沒這麼嚴重，治療起來也沒這麼費勁。孩子配合得挺好的，是我把她想像得太脆弱了，真正膽小的人，其實是我自己……」

聽完同學的講述，我內心也很感慨。她就像一面鏡子，讓我照出了自己的某一個側面，也折射出了現實中的一些真相。面對一個棘手的問題時，我們會有恐懼和擔憂，心裡明明知道它需要被解決，卻因為克服不了心裡的障礙，遲遲拖著不去處理。

拖延的時候，我們會感到一時的輕鬆，因為不用去面對害怕，也不用承受痛苦。這是一種逃避，也是一種自我麻痺。但你我都清楚，問題不會憑空消失，你不去處理它，它就會像滾雪球一樣，越滾越大。我們內心的那一點僥倖，不過是希望問題爆發的那一刻，能夠來得晚一點，再晚一點，僅此而已。

解決方法⬇不要對小問題心存僥倖

一九六三年，氣象學家羅倫茲（Lorenz）提出了著名的「蝴蝶效應」，其意為：南美洲亞馬遜河流域熱帶雨林中的一隻蝴蝶，偶爾扇動幾下翅膀，就可能引發兩週後美國德克薩斯州的一場龍捲風。因為，蝴蝶扇動翅膀的時候，導致了周圍的空氣系統發生變化，產生了微弱的氣流。這股微弱的氣流又會引起四周空氣或者其他系統的相應變化，這一系列的連鎖反應，最終導致其他系統出現極大變化，釀成可怕的龍捲風。

平日看起來暫無大礙的拖延，不認真對待，或是放任自流，心存僥倖，都有可能讓最初的小麻煩演變成複雜的大麻煩。人生中的每一次心存僥倖，每一次不經意的抉擇，都可能是一個蝴蝶效應的開始。

古人有云：「禍患常積於忽微。」意識到小問題存在的時候，不要總想著往後拖，更不要心存僥倖。一旦覺察到僥倖心理的浮現，就要提醒自己——不怕一萬，就怕萬一！要是小麻煩變成了爛攤子，收場的人還是自己。

09 逃避責任：不想對決策的後果負責

習慣拖延的人，往往都伴隨著決策困難症，芸芸就是一個典型。

她在原公司做得有點不開心，因為公司在很多方面規範不夠完備，執行計畫比較艱難，這也促使了她作出離職的選擇。隨後，芸芸又去面試了一家新公司，這家公司規模較大，各項規章制度比較完善，但要求也很高，且工作強度大，薪資待遇和之前差不多。

前公司的老闆比較器重芸芸，在她離職後，跟她談了兩三次，希望她還能回去。就這樣，芸芸感到很為難：一方面，覺得新公司規模大，制度完善，但擔心工作強度吃不消；另一方面，既享受前公司老闆的信任，又怕回去之後，工作的狀態和原來一樣。

她每天不停地對比權衡，反復複製自己的那些想法，傳給身邊一個又一個人，聽聽周圍的人有什麼樣的看法和建議。

我覺得自己比較「倒楣」，是最後一個被她問到的人，她會把之前所有人的建議都截個圖，一股腦地發給我。每天打開通訊軟體，都有一連串的訊息，差點兒勾起了我的「暴脾氣」。

芸芸跟原公司的老闆說，自己還沒有想好去留的問題。與此同時，她又跟新公司說，自己還沒有完成離職的交接手續，需要一點時間來處理。然後，她就用這段時間翻來覆去地思考，越想越複雜，越想越不知道該怎麼做決定？

後來，她再跟我念叨這件事時，我直接說了一句：「人不能什麼都想要啊！天底下不存在沒有弊端的選擇。」芸芸說，道理她都知道。可我不明白，既然都懂，那到底在擔心什麼呢？問遍了周圍的人，是想讓大家幫忙投票做選擇嗎？最後，芸芸告訴我：「可能，我就是害怕選錯，不敢去面對那樣的結果吧！」

美國成功學之父，拿破崙．希爾（Napoleon Hill）說過：「在你的一生中，你一直養成一種習慣：逃避責任，無法做出決定。結果，到了今天，即使你想做什麼，也無法辦到了。」遇到問題思前想後，拖拖拉拉，患得患失，往往會錯過很多重要的東西。

對於芸芸的狀況，我心裡有個疑問：思慮過多，是不是和個人缺乏競爭力有關？之後，在翻閱心理學的書籍時，我發現心理學家們早就開始關注這個問題了，還有人特意研究了「決策困難者」與「果斷者」在做事時的情況。

實驗的過程是這樣的：讓決策困難者和果斷者把一副紙牌中紅色與黑色的紙牌分開，然後再把黑桃、紅心、梅花、方塊四種牌分開，並記錄他們完成任務的時間，以及分類的準確率。同時，心理學家還讓受試者在分牌的過程中，時刻注意白燈的情況，一旦白燈亮起，就要以最快的速度按下按鈕。在進行一百次的試驗後，心理學家要求所有受試者看見白燈亮了，就按下按鈕；看到紅燈亮起，就不按。

最後，心理學家們得出了一個結論：決策困難者在競爭力方面，並不比那些行事果斷的人差，他們也可以有效地工作。當他們必須做出一個決定時，在速度上與果斷的人基本上是一樣的，且準確率也差不多。

這就是說，決策困難者並不缺乏快速做出決定的能力，是他們自己選擇了放慢速度。頻繁地做決策，給決策困難者帶來的傷害，遠比對果斷者的傷害大。換而言之，優柔寡斷的人在做了一定數量的決策後，就難以繼續做其他決策了，但果斷者不會受到什麼影響。

就像芸芸一樣，決策困難者之所以害怕選擇，主要是不想承擔壞的結果或損失。就如心理學家沃爾特．考夫曼（Walter Kaufmann）所說：「患有決策恐懼症的人，通常不會自己做決定，而是讓別人替自己來決定。這樣的話，他們就不用對後果負責了。」

不過，生活是一場人人都得參與的比賽，必須加入，無法逃避。冒險和博弈，是生命的重要組成，做決策是一種挑戰，也是必經的經歷。一個沒有擔當的勇氣、沒有明確目標的人，注定會變成懦弱、沒有主見的傀儡。

解決方法➡五方法把問題變簡單，打破決策拖延

喬瑟夫．法拉利（Joseph Ferrari）說過：「對於我們所有人來講，作出每一個決定都不容易，大到正確的投資、選擇新的職業，小到買哪個品牌的冰箱，都不是一件容易事。但是，如果你用對了方法，即使棘手的事情也可能會變得簡單。」

針對決策拖延的問題，法拉利提出了以下幾條建議：

第一、限制選擇的數量

面臨的選擇過多，優柔寡斷的人更容易犯決策困難的毛病。為了避免這個問題，就要儘量把選擇範圍縮小。比如，準備換工作時，可將工作分為全職和兼職兩種。捫心自問：我是想要自由一點的工作，還是希望穩定一點，每天待在辦公室？做出第一個判斷後，再在其中進行劃分，直至得到自己滿意的答案。

第二、權衡得失利弊

決策的實質，就是做出某種選擇。既是選擇，肯定就有得失。想讓決策更加理智，減少後悔和遺憾的發生，不妨給自己列一個利弊清單。比如，想買一棟房子，同等價格之下，郊區能夠買一個大點的，市區只能買一個很小的，怎麼抉擇呢？

試著把兩種情況的優劣勢全列出來，對比一下，權衡利弊，謹慎考慮：小房子的面積夠用嗎？大房子周邊的配套設施完善嗎？上班要花費的時間和精力是怎樣的？搬到郊區住是否還需要購車？把這些情況全都考慮清楚後，再做決策就會簡單一些。

第三、決策不能太匆忙

我們一直強調決策困難帶來的弊端，但不等於提倡匆忙做決策，而是要在收集了重要資訊之後，迅速做出決定。當然，不必收集所有的資訊，因為這不太現實，只要達到百分之八十就夠了。之後，以資訊為基礎，用理性戰勝感性，這樣做出的決策就會可靠很多。

第四、左顧右盼不可取

做出決策之後，最忌諱的就是左顧右盼，總想著另外的一種可能。這是很不可取的，選擇之前要謹慎，選擇之後就要堅定，順著自己所選的路走下去，才是正確的態度。

第五、記錄真實的想法

在行動的過程中，我們的腦海肯定會不時地冒出一些奇怪的念頭，阻止行動的繼續，迫使我們停下來。每次出現這樣的想法時，不妨把那些想法記下來，瞭解自己在什麼地方出了問題，然後把它梳理好，解決掉。哪怕這一次的結果不太好，甚至是失敗，也沒關係，至少找到了自己的問題所在，也嘗試了去解決，這也是一種進步。

10 即時傾向：拖延的「阿基里斯之踵」

時光倒退到一九九九年，國外的三名專家展開了一項和人類選擇傾向有關的研究。

他們招募了一群受試者，提供二十四部電影候選名單，讓他們從中選出三部。這些電影中，包含不少符合大眾口味的影片，如《窈窕奶爸》、《西雅圖夜未眠》，也有一些耐人尋味的經典影片，如《戰地琴人》、《辛德勒的名單》。專家們想看看，這些人是會選擇娛樂性的大眾電影，還是會選擇有深度、有內涵的電影。

實驗開始後，受試者們各自挑選出了自己比較喜歡的三部電影。專家隨即要求他們從中選擇一部，第一天就觀看；再選出一部，兩天之後看；最後一部，留在四天以後看。

受試者們幾乎毫無差別地選擇了《辛德勒的名單》，因為這部電影實在太經典了。不過，只有百分之四十四的人選擇在第一天觀看《辛德勒的名單》，多數人在第一天都觀看了娛樂性的電影，如《捍衛戰警》、《摩登大聖》等。人們似乎總是喜歡把有深度的經典電影留到最後，在第二部和第三部電影的觀看選擇上，分別有六十三％和七十一％選擇有深度的影片。

之後，專家們又進行了另外一項實驗。他們要求受試者選擇可以一次連續看完的三部影片。這次，只有之前實驗的十四分之一的人選擇了《辛德勒的名單》。

透過這些實驗，專家們發現：人們在做選擇的時候，總是會不自覺地傾向於安逸的事。這種行為傾向被稱為「即時傾向」，即現在可以得到的滿足感更重要，只要現在舒適安逸就好，懶得去思考問題。現在想要的東西，以後未必還想要，所以不妨先滿足即時的需求。

瞭解了這一選擇傾向後，就很容易解釋生活中的拖延現象了，如一時興起買了一堆煲湯的食材，塞滿了櫥櫃，卻只做了一次；買了一堆書，希望借助讀書提升自己，結果就擺在了書架上，待表面都落滿了灰塵也未拆封；計畫著上午要加班完成一篇稿子，醒來卻抱著手機追劇，到了中午才起床……這些都充分印證了一個事實，人們在做選擇時會不由自主地傾向於安逸的事，這也是讓人陷入拖延的一個重要原因。

另外，時間本身也會增加即時傾向和拖延之間的關係。我們在理解明天要達成的目標、要完成的事項時，更傾向於用寬泛的、模糊的語言，如「鍛煉身體」、「加薪升職」。然而，在看待今天的目標和任務時，卻會包含更多的具體細節，如時間、地點、內容、物件等。兩者相比，自然是用具體語言描繪的目標，如讀《三劍客》這本書，比用抽象語言描繪的行動或目標，如讀書提升自我，更容易令人著手去做。

人們總喜歡用抽象的語言構建長期目標，這就直接增加了拖延的機率，往往當這些目標變成了短期目標，才開始進行具體的思考。現在，你就可以體會一下這種感受：

- 想像一年後的某個時刻，你會給自己買點什麼？
- 想像你的存摺裡有七位數的錢，今天必須全部花掉，你會怎麼用？

對於一年後要買的東西，我們往往沒什麼特定的概念，大概就是「一件優質的外套」、「一件漂亮的家具」，這些目標都比較廣泛和模糊。對於今天的消費計畫，那一定是鮮活而具體的，你可能會說出「買一件 Max Mara 的米色外套」、

「一輛 Toyota Alphard 汽車」。你能描述出那件外套的細節，包括扣子的形狀；你還能說出那輛車的內飾是什麼，以及寬敞的空間帶來的乘坐體驗……在對比一個抽象的選擇和一個具體的選擇時，我們的興奮感是完全不同的。很多時候人會選擇拖延，也是因為看待此刻更具體，看待未來更抽象。

英國哲學家約翰・洛克（John Locke）曾尖銳地指出：「那些不能控制自己的性情傾向，不知道如何抵制當前快樂或痛苦的糾纏，不能按照理性告訴他的原則去行事的人，缺乏的是德行和勤勉的真正原則，而且他因此正處於將來落得一事無成的危險境地。」

即時傾向噴發而出的欲望，可以壓倒任何其他的拖延原因，將其稱為「阿基里斯之踵」，一點都不誇張。相傳，阿基里斯的腳後跟，是他的身體中唯一一處沒有浸泡到冥河水的地方，也是他唯一的弱點。在後來的特洛伊戰爭中，阿基里斯被毒箭射中腳後跟而喪命。後來，人們就用「阿基里斯之踵」來形容致命的軟肋或弱點。

如果一個人很容易衝動，總是向即時享樂投降，那麼他在生活的各個方面都容易拖延。更糟糕的是，即時傾向造成的危害還遠不止於此，戀愛關係不良、差勁的領導力、藥物濫用、暴力、自殺等問題都與之相關。你可以想像得到，當惡習比美德帶來更多的即時滿足感，會造成什麼樣的必然結果？

解決方法⬇三方法延遲滿足感，改善「即時傾向」

大量的心理學實驗表明，滿足自己一時的情緒需求不是最佳的策略。從長期角度來看，它會降低一個人的自我滿足感和幸福感。如果你有過拖延的經歷，想想那些惱人的負罪感和焦慮感，你就會理解這句話的深意。

史考特・派克在《心靈地圖》中指出，人生苦難重重，自律是解決人生問題最主要的工具，而實現自律的第一步就是「延遲滿足感」：為了更有價值的長遠結果，放棄即時滿足，不貪圖暫時的安逸，重新設置人生快樂與痛苦的次序：先面對問題並感受痛苦，然後解決問題並享受更大的快樂，這是唯一可行的生活方式。

那麼，怎樣做才能夠延遲滿足感，不被當下的誘惑吞噬呢？

方法1：先發制人，在被欲望控制之前採取行動

很多人都不缺少長期目標：減肥、戒菸、讀書、運動……清早起床的時候，願望十分清晰，決心要在上午讀書、吃健康早餐、去健身房，結果看到劇集有更新、聞到奶油的香味，意志力瞬間就被瓦解了。

對於這樣的情況，如果我們能夠預先預料到這些強大的誘惑，就可以先發制人地將其阻擋在門外。比如，你經常沉迷網路新聞，延遲開始工作的時間，那麼乾脆在坐到座位上的那一刻，把手機塞進抽屜或背包；你忍不住亂花錢，乾脆對綁定的信用卡限額，或出門只花準備好的現金，以防打破預算。

方法2：用一種安全和可控的方式滿足正常需求

我們並不是要徹底地壓抑欲望，那樣的話，很可能會在有限的意志力被耗盡後，徹底失控。真正持久而有效的方法，是在欲望增強並控制我們之前，用一種安全和可控的方式來滿足它們。比如，你受不了美味蛋糕的誘惑，那麼在吃掉一整塊蛋糕之前，選擇只保留其中的四分之一，其餘的分給家人或朋友，這樣既滿足了味蕾，也可以避免多吃。

方法3：將誘惑抽象化和象徵化，或對誘惑進行醜化

越是試圖壓抑一種欲望，越是容易反彈。與其如此，不如在精神上與誘惑保持距離，將其抽象化和象徵化。心理學家試圖讓孩子推遲吃椒鹽脆餅時，選擇讓他們把注意力集中在餅乾的形狀和顏色上，而不是味道和口感上。他會這樣向孩子們描述椒鹽脆餅：「它們又細又長，就像一根根的小原木。」

用抽象的符號看待世界，可以讓我們的大腦擺脫受控於刺激的邊緣系統，促使我們做出更有利的選擇。如果試著對誘惑進行一些醜化，或是與不愉快的景象之間建立聯繫，在誘惑之中植入不愉悅的因素，效果也很明顯。比如，貪食的時候，想想自己的胃被塞滿東西的撐脹感；想推遲工作的時候，想想自己曾經因拖延飽受的焦慮和自責……你可能會「清醒」很多，不再任由衝動做主，而在行為上有所收斂。

終結拖延 2

稍後思維

—— 別對未來過度樂觀，我們能把握的只有現在

01 拆穿思維陷阱，斬斷拖延的自動進程

人們常說：「耳聽為虛，眼見為實。」

在不瞭解心理學之前，我們可能對這一說法深信不疑。然而，在深入學習心理學後，我們就會知道，人對於外界事物會存在不正確的知覺，也就是「錯覺」。儘管親眼看見了一些東西，可那未必是真的。

當你坐在停靠在車站的火車上，看著另一輛從車站開出的火車時，是不是覺得月臺在移動而那輛火車是靜止的？其實，這就是月臺錯覺，是因為兩個物體的空間相對關係發生了改變，而又缺乏更多的運動知覺的參照物。

人類對世界客觀事物的認識，通常分為兩個階段：感性階段和理性階段。感覺和知覺屬於感性階段，上面描述的錯覺就是一個典型的例子。思維是理性階段的認識過程，但它也同樣存在錯覺。當大腦按照經驗對一些社會現象、經濟現象等複雜

問題進行思考時，大腦會自行判斷、自行完善資訊，為了節約大腦判斷的步驟和時間，大腦還會把一些長期經驗當作不證自明的公理來處理，這就導致了思維的錯誤。

對於那些非常偶然的事，人們總是以為憑藉自己的能力可以支配，這其實是一種「控制錯覺」。由於我們平常的生活都是由自己來支配的，人們就把這種錯覺擴展到了偶然性的事件上。

最常見的情形就是，別人幫你買的彩券，和你自己買的彩券，從機率上來說中獎的可能性是一樣的。許多人都知道這個道理，但在實際操作中，還是更相信自己「精心挑選」的彩券更容易中獎。正因為這種控制錯覺，很多人掉進了賭博的沼澤中，難以自拔，甚至傾家蕩產。知道了這個原理以後，多提高警覺，在遇到偶然性事件時，就不會那麼執拗了。

在日常生活中，我們難免會對即將到來的事物產生一些錯誤的認知，且忍不住想要轉移注意力，用一些無關緊要的事情去替代它。這些錯誤的認知，會讓我們形成一種「稍後思維」，正是它讓拖延一步一步地變成自動習慣，被我們選擇的觀念所調和。

稍後思維是一種認知轉向，類似於在心理上開小差（開溜），暫時迴避緊迫而重要的事情。這種思維方式的具體內容很多變，但核心是一樣的，即「將來做」總是比「現在做」更合適。一旦我們清醒地認識到了這一自動化的思維習慣，就具備了擺脫它的條件：在稍後思維冒出來的那一刻，揭穿它的騙人把戲，斬斷它的自動進程，削弱無意識習慣的力量。

02 明天再說：不要對未來的自己期望過高

現在，每開始一項新任務之前，我都會根據截稿日期核算一下每日的工作量，盡可能地做到均攤。這樣做的目的是保持一個穩定的節奏，以此來確保輸出內容的品質前後如一。如果不能從一開始就進入狀態，誤以為時間很充裕，陷入病態的悠閒中，代價會很慘重。

我有過這樣的親身體驗：當時我還在公司上班，剛剛結束一個難度較大的項目，本想著能暫時鬆一口氣，沒想到來了一個緊急任務。上司也是出於信任，將這個任務交給了我。可是，看過新選題的要求之後，我的心情跌到了谷底，一股厭煩之感湧了上來。

如果是現在的我遇到上述情況，會選擇如實向上司說明自己的狀態——我需要緩衝，能不能交給其他同事？或者，能不能晚幾天再開始？可是，當時我的認知和處理問題的經驗不足，就硬著頭皮接下來了。

面對心生厭煩的任務，我能立刻投入行動嗎？無疑，難度太大。那一刻，我內心的真實寫照是這樣的：「真煩，不能讓人喘口氣嗎？好在，時間還算充裕，不著急，先放鬆放鬆，明天再說……」

我一會兒打開購物網站，一會兒看看訊息，又泡一杯喜歡的花草茶，享受著春日裡的陽光，覺得還挺愜意。可能是太過放鬆了，兩天的時間轉瞬即逝，我什麼都沒有做。說好的「明天」，變成了「明日復明日」。

剛準備收收心，公司又安排我外出參加一個為期兩天的培訓。這是一個難得的機會，我肯定不能錯過，於是就去參加培訓了。那兩天裡，我滿腦子都是培訓中的內容，那個新選題早就無暇顧及了。但是，我心裡惦記著它，畢竟那是一個「未完成」的任務。

等培訓結束後，我重新回到工作中，但還是無法進入工作狀態。我安慰自己說：「先查查相關的資料，我總不能閉門造車啊！」當時的我並不知道，這其實是稍後思維在作祟，**它很容易讓人想當然地認為，執行一項任務的條件依賴於先完成另一項。如此一來，我們就有理由推遲那些原本需要即刻去做的事了。**

我知道即刻處理選題的重要性，客戶和上司都在等這個方案，如果能獲得認可，那麼於誰而言都是有益的，我也會因為做事效率高、能力出色而受到上司的賞識，收入也能獲得增長。但是，我卻對自己說：「妳要多收集一些資料，為處理這個選題做準備」，然後我就在搜集資料的時候放慢了腳步，在思考和整理加工資料上拖拖拉拉。

實際上，我以上所做的一切，不過是透過新的細枝末節，去逃避自己不喜歡的任務。

如果你在面對一項緊迫而重要的任務時，腦子裡冒出了以下的這些想法，請你務必提高警覺，它們很可能就是阻礙你行動、實現目標的思維陷阱。

——「我先睡一會兒，休息好了再做！」

——「我得把這個想法再斟酌斟酌！」

——「我需要查找一些新的素材，買一些新的工具。」

——「待會再處理，時間還早呢！」

這些稍後思維，會在無形之中變成一種麻醉劑，讓你覺得自己肯定會做，只是稍後而已。殊不知，在「稍後」的過程中，一個個「現在」已經悄然流逝。記得一位先哲說過：「毀滅人類的方法非常簡單，那就是告訴他們還有明天。因為告訴他們還有明天，他們就不會在今天努力了。」

解決方法➡告訴「現在的自己」真相

稍後思維具有一種迷惑性和欺騙性，它會讓我們誤以為：今天暫且放鬆一下，明天做也來得及，只要明天合理安排時間，就可以完成任務。「現在的我」總是對「未來的我」充滿期待和信任，想像著「未來的我」在做眼下的這件事情時，會表現得更自律、思維更敏捷，可以更高效地把事情做好。

為什麼會有這樣的錯覺呢？

這與大腦的機制有關，它會錯把「未來的我」當成其他人。

原本，你決定週六一早就開始修改設計圖，還特意設了鬧鐘。可是，鬧鈴響起的那一刻，大腦根本想不起來「要在週六傍晚把設計圖修改好的——未來的我」，它更在意的是「此時此刻放鬆愜意的——現在的我」，因為它能夠真切地感受到，當下躺在床上過慵懶週末的快樂。對「現在的我」來說，那個「認真修改設計圖的自律的我」就像是一個陌生人，無關緊要。

行為學家霍華德．拉赫林（Howard Rachlin）說過：「當你能認識到每一天的你，其實都別無二致的時候，你才能更容易控制今天的自己。」所以，當「現在的我」產生了「明天再說」的想法時，一定要打破這個幻想。你要和「現在的我」對話，告訴自己真正的事實與真相：

第一，明天的時間和今天一樣，都是二十四小時，不會因為「現在的我」想到「未來的我會更高效、更能幹」，就能讓明天的時間變得更多。

第二，「未來的我」並不遙遠，不會跟「現在的我」有什麼大的不同。就算有不同，那也是「現在的我」的行為所致，正所謂「種瓜得瓜，種豆得豆」，有什麼因就有什麼果。千萬不要妄想「明天的我」一定會比「今天的我」更可靠，很有可能，他還在指望著「後天的你」呢！

第三，試著想像，「未來的我」會如何看待「現在的我」，以及「現在的我」所做的選擇，又如何因為「現在的我」所付出的辛苦和努力心懷感激。同時，也可以跟「未來的我」講述「現在的我」的困惑和壓力。借助這樣的方式，拉近「未來的我」和「現在的我」之間的距離。

03 等待靈感：只有投入，思想才能燃燒

有這樣一類拖延者，他們明知道某件事情必須要做，且十分重要，卻總是邁不開行動的腳步。他們的腦子總會迸出一種自我合理化的解釋：很多事情是急不來的，沒有靈感的話，很難進入心流狀態。現在是黎明前最黑暗的時刻，我並不是刻意放鬆或是偷懶，我只是在醞釀靈感！

這類拖延者無論做什麼事，都習慣等到最後一刻才行動，熬夜加班是家常便飯。他們並不覺得這有什麼不好，甚至還會自我標榜一番：「加班挺刺激的，想起第二天早上得交差，根本不會走神，效率特別高。平常的散漫勁兒全都沒了，有一種變身高效能人士的感覺。」

德拉瓦大學的心理學家馬文・朱克曼（Marvin Zuckerman）為這種喜歡和時間賽跑的拖延者們創造了一個詞語：尋求刺激。他說：「這類人需要腎上腺素迅速上

升帶來的刺激感，宣稱有壓力才有動力，在高壓下做事，才能獲得這種刺激感。事實又如何呢？他們在有限的時間裡，根本無法很好地完成任務。」

現實情況的確如此，許多拖延者每次都信誓旦旦地說：「沒問題，我肯定能做好。」可結局往往是，慌慌張張地趕進度，最後犯了一大堆的錯誤，很多想處理的問題根本來不及處理，只好硬著頭皮交差。

關於此種現象，朱克曼教授進一步解釋說：「你一次又一次地推遲完成任務，直到越來越接近截止日期，你錯誤地認為，這是最好的完成任務的方法。在推遲任務時，你所經歷的任何一種情感上的滿足並不是你繼續拖延的動機所在。相反，你所經歷的刺激感是在時間所剩不多的情況下，匆忙趕工產生的一種焦慮感，這種情感是拖延產生的結果，而非原因。」

拖延著任務不做，美其名曰尋找靈感，等待著不可預期的情緒狀態的到來。實際上，這種「尋找靈感的思維」，就是在尋求刺激，盼著最後幾分鐘忙碌帶來的劣質快感。因為他們總會想起過往的經歷：最後一刻採取行動時，一副滿血復活的樣子，激情也被點燃了，甚至還想出了不少新穎、獨特的好主意。而後，就認定自己一定得到了這樣緊迫的份上，才能把內在的潛力給逼出來。

人們看待未來的任務總是過於抽象、不夠具體，因此容易忽略其中的細節；這就使得未來的任務看起來似乎總是比現在更簡單、更純粹。同時，人還會高估未來自己的能力和專注度，以為會有那麼一個瞬間，可以輕而易舉地解決所有的難題。

不可否認，人確實會有靈感突然迸發的時刻，超多的想法和創意會在短時間內集中爆發。然而，這種特殊的狀態並不是一種常態，我們也不能指望做任何一件事情都依賴於它。每週五天工作日，如果靈感遲遲未到，難道就要守株待兔嗎？與其等待著那個時刻，不如先行動起來再說！

解決方法⬇不要太計較結果，先做做看！

歌德說過：「只有投入，思想才能燃燒。一旦開始，完成在即。」

坐等靈感降臨，不如先做起來再說，行動可以創造有利的條件。很多棘手的事情，當我們開始去做了，往往就會豁然開朗，哪怕只是少部分的工作，也會帶動我們著手去完成更多。行動起來，永遠比只想不做更能接近成功，也更容易迸發出靈感。

下一次，當腦子裡冒出「等有靈感時再做」的想法時，別被這種拖延思維帶著走，要即時「叫醒」自己——萬一到了明天、後天、截止日期，還是沒等到靈感呢？如果現在就去做的話，可能不是那麼完美，但也許做著做著就有靈感了呢！

04 自我設阻：轉化內心的不合理信念

把一件事情做好很難，但把一件事情搞砸卻很簡單。

六月分剛結束高考的俏俏，大考前著實讓全家人捏了一把汗。眼見著還有兩個月就要高考，俏俏卻總也提不起精神。父母讓她每天早點休息，她卻非要熬夜刷題，然後又抱怨身體不舒服，脾氣也變得很暴躁。到醫院檢查後，也沒什麼異樣，可她整個人的狀態特別糟糕，三天兩頭請假在家休息。

到了衝刺的階段，跟不上複習的進度，肯定會影響成績。父母心裡這樣想著，卻不敢在俏俏面前念叨，怕造成她的心理負擔。好在，俏俏的班導師很細心，覺察到了俏俏的異常狀態，私下找她談了兩次話。具體聊了什麼，俏俏的父母並不清楚，但自那以後，他們發現俏俏的狀態不那麼緊繃了，最後的高考也比較順利，發揮出了正常水準。

高考結束後，俏俏的媽媽打電話給班導師，一來表示感謝，二來也想詢問一下俏俏之前的情況。父母總是希望自己可以和孩子無障礙溝通。班導師說，很多孩子在高考之前，都出現過類似的情況：如果身體不適，就算考不好，也能心安理得地面對自己、家人和老師。他們可以說：「我本來可以考上一所不錯的大學——如果不是因為身體不舒服、情緒不穩定，如果不是這樣那樣的問題……」

類似俏俏這樣的行為，被心理學家愛德華・瓊斯（Edward Jones）和史蒂芬・柏格拉斯（Steven Berglas）稱為「自我障礙」，也叫「自我設阻」，通常是指人在重要的任務之前無法集中注意力，有意或無意地去做一些影響任務結果的事情，從而在任務結果出來後為自己尋求開脫。

兩位心理學家曾經專門進行了一項實驗：研究人員讓受試者把自己想像成杜克大學（編按：美國頂尖私立大學，有南方哈佛之稱）的學生，然後透過猜測，回答了一系列的智力難題。之後，研究人員在受試者眼前放置兩種藥物，告知受試者服用其中的一種，才能繼續下面的題目。研究人員聲稱，第一種藥丸有利於智力活動，第二種藥丸則會干擾智力活動。結果，多數受試者都選擇了第二種藥丸，從而為不久可能出現的失敗尋找客觀的藉口。

在拖延的過程中，這種自我設阻的思維也發揮著至關重要的作用。

老闆交付給 Linda 一項新任務，讓她去跟服裝供應商重新洽談供貨合約，希望對於沒有訂單的貨物，可以提供無條件的退貨服務。這樣的話，可以避免門市積壓銷量不佳的貨物，減少損失。

Linda 表面答應盡力去做，可她心裡卻有別的想法。她的溝通能力不差，也許有能力順利完成這項任務，但她也沒有十足的把握。為了迴避對這場談判的壓力，Linda 告訴自己和其他人，老闆的想法太樂觀，供應商不可能同意。

有了這個想法後，Linda 做事並不積極，安排會議時拖拖拉拉，談判時也不太專心。結果，她的「預言」真的實現了，同時她還強化了「老闆想得太樂觀」這一信念。

明明都是理性的人，為什麼會有意無意地自我設阻來降低自己的表現呢？其實，這種做法有它的益處，那就是避免讓他人失望，避免被否定，維護脆弱的自尊，逃避或疏導緊張焦慮的狀態。不過，任何選擇都是有代價的，長此以往會讓人走上平庸之路。

解決方法⬇多與內心對話，澄清不合理的信念

自我設阻在行為上有多種形式，如故意耽誤和推遲；重大事件之前故意心不在焉；故意選擇困難的任務或是給自己設置過高的目標；放棄嘗試或減少努力的程度……然後，在言語上公開表示自己處於不利的情境，試圖在失敗的結果面前獲得他人的諒解。

想要解決自我設阻的問題，不妨試著與自己的內心對話：

- 你是否因為斷定某項任務太複雜、太不愉快、太不可行，從而拖延？
- 如果是這樣的話，扭轉一下思維，問問自己：是什麼讓這項任務變得艱難？
- 在對話中澄清，哪些是事實？哪些是你的猜測和信念？
- 找到那個不合理信念，比如「我必須成功」；對這個錯誤信念進行轉化，如「我會盡力而為」。這樣的話，就算不成功，也沒什麼遺憾。

我們總希望事情能夠按照自己的期望發展，一切盡在掌握中，哪怕是失敗也要在掌握中。自我設阻的行為，無異於故意用左腳絆右腳，讓自己摔倒，這與被石頭

絆倒相比的好處就在於，一切由自己掌控。可是別忘了，兩腳交替絆倒自己的時候，你也無法好好地在一條路上走下去的。或許，你保住了那份脆弱的自尊，但你同時也在畫地為牢。

05 時間錯覺：唯一能夠掌控的只有現在

去年，Simon 先生要參加一個職業資格考試，從年初就開始準備。他給自己預留的複習時間是九個月，相關課程的複習順序也都安排好了，一副志在必得的樣子。

春去夏來，時間過去了半年，距離考試還剩下三個月。Simon 先生的複習進度，比計畫中慢了很多，有幾門科目甚至連書本都還沒打開。不過，他倒是很淡定，彷彿時間是橡皮筋，在最後的那段時間可以無限延伸，能讓他完成所有科目的複習。所以，他依然不緊不慢，朋友約他出去玩，他照樣會去，全然忘了自己還要備考，更忘了時間一去不復返。他習慣說這麼一句話：「今天耽誤點兒時間，明天再補回來。」

其實，我也有過和 Simon 先生類似的想法，並且做過相似的事。本來按照計畫，每天要完成至少五千字的工作量，但某一天突然收到朋友邀約，明知道自己的任務沒完成，可還是決定去赴約。原因就是，我對自己說了一句：「今天沒寫完的，明天再補上吧。」然後就心安理得地出門了，盡情地享受「今天」的時間，把沒有完成的工作和壓力全都留給了「明天」。

欠自己的帳，遲早是要還的。當「明天」如約而至時，壓力比平日裡要大，因為自己很清楚，任務量增加了。恰恰是在這個時候，才會忽然感受到，時間並沒有前一天想像得那麼充裕，它依然只有二十四小時，我能集中精力寫稿的時間，依然只有五～六個小時。即便可以延長伏案時間，可代價是很大的，會焦慮煩躁，會效率低下，甚至是寫不出來。

當然，能夠順利延長伏案時間，也還算是好的。問題在於，你不知道這一天還會有什麼樣的意外狀況發生。正所謂，計畫趕不上變化。我親身體驗過這樣的意外：原本安排好把前一天的工作補回來，可任務還沒完成一半，就接到媽媽打來的電話，告知身體不適，需要我陪她去醫院看急診。看病不能拖必須馬上去，但究竟要花費多長時間卻不得而知。望著積壓的工作，再加上內心的恐慌焦慮，別提多沮喪了。

當一切塵埃落定後，終於可以重新回歸工作了，卻發現不斷被叫停、被打斷的思緒，怎麼也拉不回來了。人是坐在電腦前一整天，可腦子卻是一片混亂，根本不聽使喚。回頭去看，自己失去的根本不是赴約那一下午的時間，積壓的也不只是那一天的工作量。

後來，我瞭解到一個事實：時間有「客觀時間」和「主觀時間」之分。

所謂客觀時間，就是能用日曆和鐘錶來衡量的，可預知且不可更改。這很好理解，你知道什麼時間上課、上班，電影什麼時間開場，一目了然。

所謂主觀時間，是我們對鐘錶之外的時間的經驗，是不可量化的。跟朋友聚會聊天時，覺得時間過得飛快；等公車時，時間顯示只等了十分鐘，卻覺得無比漫長；和一個漂亮的姑娘坐兩個小時車，時間過得很快；跟不喜歡的人共處一室，分分鐘都是煎熬。主觀時間的變體是「事件時間」，即圍繞一件事的發生、發展而定位我們的時間感。

如果我們可以做到，把個人的主觀時間和不可更改的客觀時間整合在一起，讓兩者實現無縫銜接，即沉浸於某個事件的同時，也知道自己什麼時候該離開，哪怕距離最後期限還遠，也能按部就班地做事，就不會導致拖延。

問題的關鍵是，我們的主觀時間和客觀時間經常會發生衝突，致使我們不願也不能意識到，兩者存在很大的差異。就 Simon 先生和我自身的經歷來說，把今天的任務拖到明天時，我們都想像著明天有充裕的時間去完成它，卻忽略了不可更改的客觀時間。

可以這樣說，拖延賦予了我們一種全知全能的幻覺，讓我們誤以為自己可以掌控時間、掌控他人、掌控現實。**但事實上，我們根本無法超越時間的規則，也無法避免喪失和限制，更無法抵擋變化和意外**。最終的結果就是，無論我們喜不喜歡，承不承認，有無意識到，真實的時間一直都在流逝，從未停止。

解決方法 ⬇ **想著「明天再說」時，要即時警覺**

拖延者總是覺得，耽誤一點當下的時間，拖延一點當下的進度，再找時間補回來就可以了，不會損失什麼。請注意，如果這種念頭從你的腦海裡冒出來，你一定要即時「叫醒」自己，因為你對時間的感知出現了錯覺。

無論是「待會兒再做」，還是「明天再補」，都猶如一張「借條」，預支著「現在就玩」的特權，讓「以後」為「現在」買單。可是，當借款到期時，甚至用不著等到那個時候，我們就會發現利息高昂得嚇人。所以，把明天的時間透支給現在，把現在的事情拖延到明天，我們實際付出的成本遠比想像中要高。

謹記一個事實：每天的時間都只有二十四小時，今天浪費的、錯過的時間，永遠都不可能找回來，我們唯一能夠掌控和把握的只有現在。因為明天還有明天的事，而明天的事誰又說得準呢？

06 過度樂觀：別忽略了執行過程中的障礙

由於無法忍受兼職作者T的重度拖延，年初我的工作室與他徹底解除合作。

在此之前，也有遇到過磨合得不太理想的兼職，但我們還是對今後充滿期待。或許將來的某一天有合適的項目，與對方的風格契合，依然還有合作的可能。然而，對於作者T，儘管相識已久，他也頗有才能，卻還是決意不再合作。

偶爾一兩次的拖延，在我看來還是情有可原的。畢竟，誰的生活都不是一條直線，總會有淩亂的小岔子。如果次次都重度拖延，最快也要在截止日期到來後推遲十天半月，最久可以拖上兩個月，那真的無話可談了。

寫這篇文字時，我對作者T的拖延問題進行了一個整理，大致情形如下：

第一階段：剛接到任務時，狀態特別好，能夠根據要求迅速提出方案。

第二階段：提案通過後，按部就班地做上三五天，此階段的內容輸出，無論是品質還是效率，都比較穩定。有了這樣的開始，他也自信滿滿，聲稱一定如期做好。

第三階段：確定專案全權交由他負責，且獲得認可後，思想和行動開始鬆懈。他認為前面的一切都進展得很順利，說明自己有能力駕馭這項任務。況且，完成方案和少部分內容，花費的時間並不多，就算現在偷一點懶，後期完全可以補回來。

第四階段：臨近截止日期，感到越來越焦慮，開始加班，追求拖延帶來的劣質快感。他主觀認為自己可以趕上，但客觀事實是腦力體力有限，心有餘而力不足。失控感越來越明顯，在截止日期來臨之前，主動承認自己做不完，要求寬限時間。

第五階段：獲得時間寬限後，拖延的情形會重複。因為再次獲得了「掌控感」，於是又開始懈怠，再把自己逼到絕境，期待著潛能爆發。

第六階段：遞交一個「虎頭蛇尾」的結果。

第七階段：要麼別人來修改，要麼自己重做。

縱觀T的拖延過程，我們幾乎可以看到所有提到過的拖延思維，比如，「對未來的自己期望過高」、「期待最後時刻的潛能爆發」、「對主觀時間和客觀時間存在錯覺」。除此之外，還有一個重要的因素，那就是「過分樂觀」，或者說「盲目樂觀」。

剛接到任務的階段，T的態度還是很嚴謹的，做事也很認真。因為此時的他，心裡存在著一種憂慮——如果提案不通過，合作方不認可，他就不能承接這個專案！為了成功拿下這個項目，他必須傾盡全力。當提案通過後，合作方將項目全權交由T負責時，他長舒一口氣，認為一切志在必得。

仔細對照，是不是會覺得很像《龜兔賽跑》的故事？兔子是跑步健將，認為自己必勝，跑到了半路就開始呼呼大睡。烏龜雖然行動緩慢，可它一步一步持續不斷地往前爬，最後超過了熟睡中的兔子。兔子是輸在能力上嗎？顯然不是，它是太自信、太樂觀了。

· · ·

心理學家麥可·席爾（Michael Scheier）與查理斯·卡弗（Charles Carver）窮

盡一生都在研究樂觀，他們總結道：「太過樂觀了也會有消極影響，可能因樂觀而一事無成。舉個例子，過分樂觀導致人們不採取行動，坐等天上掉餡餅，從而減少了成功的機會。」

很多拖延者都犯過這樣的思維錯誤，低估完成任務所需的時間，比如，寫論文、挑選禮物、做設計圖，這些事物花費的時間遠比想像的要長。可惜，人總是習慣透過回憶去預測未來，而回憶又會自動把完成任務花費的時間縮短，遮罩掉過程中的諸多阻礙與艱辛。當人們真的把所有事情都留到最後來做時，才發現時間已經不夠了。

心理學教授蓋布里歐．歐廷珍（Gabriele Oettingen）指出：積極思維在某些時候的確有助於激發我們的行動，但它並不總是有效的。在與以往經歷脫離的情況下，樂觀的幻想、夢想、希望，可能會成為行動的阻力。這是因為，當我們在進行樂觀幻想時，大腦有時會誤以為夢想已經成真，享受愉悅的體驗，並讓我們感到放鬆。同時，它還會扭曲我們對客觀資訊的搜集，讓我們找不到真正能夠被實現的夢想。

簡而言之，如果脫離現實，對未來盲目樂觀，不僅無法幫助我們實現夢想，反倒會讓我們陷入拖延。正如佛洛伊德所說，我們需要啟用現實法則，即在尋找最好路徑實現自己的目標時，必須直面事實。現實法則的啟動，標誌著我們摒棄了幼稚與衝動，能夠切實地認識到為了達成目標要付出怎樣的代價。這就要求我們必須預估，哪裡會出問題，以及如何避免或解決這些問題？

解決方法➡用WOOP思維，克服行動障礙

為了解決過度樂觀的問題，蓋布里歐．歐廷珍教授以二十多年的科學研究為基礎，提出了一種全新的思維工具——WOOP思維。WOOP思維是兩種心理學思維組合而成的，即「心理比對」＋「執行意圖」，具體如下：

心理比對：在幻想未來的同時，充分考慮現實障礙。

執行意圖：圍繞實現願望這一目的，打造明確的意圖。

WOOP思維把實現願望的過程分成兩個階段，第一階段衡量各種可能性並確定目標，第二階段為了實現目標制訂行動計畫。

心理比對和執行意圖之間的關係是互補的：心理比對是在人的頭腦中，把願望和障礙聯繫起來，比起純粹的正面幻想，考慮過障礙的可能性，在認知層面上更能讓人做好實現願望的準備。

而執行意圖的價值，是在情況和行動之間建立條件反射，在大腦裡預埋行動線索：如果……我就……當障礙出現時，就可以明確地投入行動，用預先制訂好的方案去應對。如此可以避免意識層面的糾結拖延，能更有效地克服行動障礙，並長期地堅持下去。

• • •

那麼，WOOP思維具體該怎麼運用呢？WOOP思維有四個步驟：

Step 1：W——Wish 明確願望：你有什麼樣的願望？

Step 2：O——Outcome 想像結果：願望實現後的最好結果是什麼？

Step 3：O——Obstacle 思考障礙：你會遇到哪些困難？何時、何處？

Step 4：P——Plan 制訂計畫：遇到困難，你會怎麼做？

假設你想要用三個月的時間減肥十公斤，這就是你的願望。你可以想像，實現了這個願望之後，你會擁有好身材，變得更自信，還養成了良好的飲食習慣、運動習慣，並學會了調適心態，遠離情緒性進食的困擾。

請注意，當你澄清了願望，並制訂了任務清單後，並不意味著「成功了一半」。你要思考，在減肥的過程中，你會遇到哪些困難？比如，覺得運動是一件辛苦的事，有時會犯懶不想動；有情緒性進食的傾向，每當焦慮或不開心時會暴食；過分關注體重的變化，影響心情和狀態，看到體重向上浮動就會沮喪，甚至想放棄。

澄清了這些問題後，你要針對阻礙減肥的問題制定相應的「執行意圖」：

- 如果我今天不想跑步，就改成走路三十分鐘。
- 如果我不想做有氧運動，就做一些啞鈴訓練、核心訓練。
- 如果我因為情緒問題想吃東西時，我就問問自己：你是真的餓了嗎？
- 如果我不是因為生理性饑餓想要進食，我就去戶外散散步，讓自己平復情緒。
- 如果我特別想吃某一樣食物，就告訴自己：少吃一點，好好品嘗它的味道！
- 如果我發現體重沒有下降，就提醒自己「人不是機器，體重也不可能是直線下降的」，鼓勵自己繼續堅持，不要因小失大就是好樣的。

以上就是借助生活中最常見的實例對WOOP思維運用的演示，即挖掘到內心深處最渴望達成的願望，想像達成願望後的情景，越具體越好；思考達成這一結果的障礙有哪些，也是越具體越好，然後針對這些問題制定出相應的解決策略。

學會了WOOP思維後，是不是就能徹底改變了呢？答案是未必。我們知道，想讓一種全新的模式持續下去，讓它的堅持變得毫不費力，絕對不是靠意志力實現的，而是要把它養成習慣，這才是避免失敗的重中之重。

以上述的減肥實例來說，在執行的過程中我們需要不斷總結適合自己的方法，比如，怎樣提醒自己該去運動了？怎樣能讓運動這件事變得簡單易行？當負面情緒來臨時，有哪些辦法可以轉移你的注意力，讓你多去關注情緒，而不是依靠吃東西短暫逃避？如果達到了一個階段性目標，你要如何犒賞自己，為自己增加動力？這些問題沒有標準答案，都是因人而異的。所以，大膽地去實踐吧！

終結拖延 3

情緒壓力

— 拯救拖延的核心，是妥善處理情緒

01 拖延的核心是情緒，而不是效率

通常情況下，當我們意識到一個人或一件事物，可能會給自己帶來傷害時，我們一定會採取相應的措施，以確保自己的安全。可是，這種幾乎出於本能的選擇，在遇到拖延的時候，卻完全變了樣。許多時候，明知道拖延是一個糟糕的主意，甚至可以預料到負面的結果，卻還是這麼做了，彷彿束手就擒一般，任憑它傷害自己。

為什麼我們會賦予拖延這樣的特權？

謝菲爾德大學心理學教授弗斯基亞．西羅斯（Fuschia Sirois）博士解釋說：「人們陷入這種長期拖延的非理性迴圈，是因為他們無法控制圍繞一項任務的消極情緒。」

是的，拖延和心情不好有直接的關係！可以說，拖延是一種對於某種任務引發的挑戰性情緒和消極情緒的應對方式，這些情緒可能是無聊、恐懼、怨恨、焦慮、自我懷疑、不安全感等。早在二〇一三年的一項研究中，西羅斯博士就指出，拖延症可以被理解為「短期情緒修復……而非長期追求預期的行動」。

這個世界上，幾乎不存在完全不拖延的人，但也不存在凡事都拖延的人。真實的情況更貼近於，人們總是在某些方面表現出拖延，而在另外一些方面選擇不拖延。之所以出現這種選擇性或局部性拖延，是因為情緒腦與理性腦產生衝突，與我們生理機制的運行有關。

情緒腦，也被稱為「原始腦」，主要負責與情緒有關的事務；理性腦，也被稱為「高級腦」，主要負責邏輯思考、理性分析等事務。

在拖延的情境下，情緒腦代表的是本我的需求，渴望得到即時的情緒滿足，如「我想玩遊戲，不想工作」、「我想吃東西，不想控制飲食」；而理性腦代表的是現實原則和目標指向，即客觀事實和要完成的任務，如「我明天得提案」、「我已經出現了胰島素阻抗（編按：代謝症候群的症狀）的問題」。

當情緒腦與理性腦對峙，最終情緒腦獲勝時，大腦就會釋放出一種和愉悅相關的神經遞質。華爾頓大學副教授莫西·A·皮切爾博士（Timothy A.Pychyl）對此做了這樣的釋義——拖延是「屈服於求得自我感覺良好的行為。」

在面對情境壓力和現實任務時，為了能夠獲得短暫的、舒適的體驗，情緒腦會驅使我們去做一些逃避任務、脫離當下的行為，以避免理性腦帶來的痛苦體驗。換而言之，如果去做某一件事，或完成某一項任務，會讓我們產生負面情緒，而現實又要求我們不得不做時，迴避就成了第一選擇。

然而現實的任務就擺在那裡，拖延者是很清楚的，所以焦慮感依舊沒有消失。在拖延過後，人還很容易產生自責的想法。當焦慮和自責捆綁在一起，又會加劇拖延者的痛苦和壓力。行為主義理論告訴我們，當我們因某事得到獎勵時（因拖延感到短暫的放鬆），我們會傾向於再做一次。這就是為什麼拖延不是一次性的行為，而是像機械中的齒輪一般，往復不斷地進行惡性循環。

解決方法⬇拯救拖延的核心是管理情緒

為了迴避負面情緒而拖延，結果會讓我們感覺更糟。這也提醒我們，要解決拖延的問題，不是單純地下載一個時間管理應用軟體，或是學習自我控制策略，就能讓一切朝著好的方向發展。這些技術性的工具確實有用，但發揮效用的前提條件是在解決了「內部問題」之後。

從現在起，希望你可以認識到：拖延的核心是因為無法妥善管理好自己的情緒，而不是時間或效率；我們決定是否做一件事情，常常取決於自己的感受，而不是依據理性思考。所以，我們要把重點放在安撫情緒腦上，同時避免情緒驅動的行為。

Step 1：拖延發生時，用自我原諒代替自我苛責

二〇一〇年，研究人員針對拖延進行過一次調研，結果發現：在準備第一次考試時發生拖延狀況的學生中，能夠做到自我原諒的學生，在準備下一次考試時拖延的時間會減少。為此，他們得出一個結論：自我原諒能夠讓「個體擺脫行為的影響，專注於即將到來的考試，而不再被過去的行為所干擾。」

可能會有人心存疑惑：自我寬恕難道不會讓人更墮落嗎？這不是一種縱容嗎？其實不然，心理學研究顯示：自我寬恕比自我苛責更利於自我改變。內疚和自責會降低我們的自尊，讓我們覺得自己一事無成、懶散，繼而陷入「放鬆——自責——

更嚴重的放縱」的怪圈。有了寬恕，我們才有勇氣繼續嘗試，覺得自己和現實情況存在變好的可能。

Step 2：在出現錯誤和失敗時理解自己、善待自己

西羅斯博士曾就「壓力、自我同情與拖延」之間的關係進行過研究，從而發現了一個事實：拖延者通常要承受巨大的壓力，但自我同情的程度較低。如果拖延者能夠給予自己多一點理解和同情，就能夠減緩與自我相關事件的負面反應。

Step 3：情緒糟糕時，根據興趣有意識地進行轉移

痛苦往往會在反復咀嚼中加倍，所以我們要避免沉溺在消極情緒中。在感覺情緒狀態糟糕時，可以根據自己的興趣有意識地將其轉移到可以替代的事情上。切記，當情緒降低到可以接受的範圍時，要即時回歸到當下應對的任務中。

02 壓力可以產生動力，也可以觸發拖延

你一定聽過這句話：「有壓力才有動力」。這是不是事實呢？

在回答這個問題之前，我們有必要先解釋一下，壓力到底是什麼？壓力一詞，早先用於物理學，後來被加拿大學者漢斯・塞利（Hans Selye）用於醫學領域，他在《生活中的壓力》一書中使用了「一般性適應綜合症」的說法，指出無論是哪一種威脅，身體都會以「一般性適應綜合症」的方式，調動身體的防禦來抵擋威脅。

簡單來說，壓力是一種緊張狀態，是身體對外界強加給自身的刺激的應激反應。一定程度的緊張，對於個體生存是有幫助的，沙丁魚的實例就是一個很好的說明。

人們在海上捕到了沙丁魚後，如果能讓它們活著抵達港口，價格會比死的沙丁魚價格高出好幾倍。然而，路途遙遠，環境不佳，沙丁魚往往在運送的途中就會死掉，能把它們活著運回來的人少之又少。不過，有一艘漁船幾乎每次都能成功地帶

回活著的沙丁魚，船長自然也賺了不少錢。人們詢問過船長，到底有什麼祕訣？可他總是避而不答，一直嚴守著祕密。直到船長死後，人們意外地發現，他在魚艙裡放了一條鯰魚。

鯰魚來到了一個不熟悉的環境中，會四處游動。面對這樣一個異己，沙丁魚會感到不安，在危機感的支配下，它們會緊張地不停游動。在危機和運動的雙重影響下，沙丁魚最大限度地調動了生命的潛能，因此能夠活著抵達港口。

從這個角度來說，壓力不都是壞的，適度的壓力是自然且必要的。因為在感受到壓力的時候，人的身體會分泌腎上腺素和皮質醇，提高人短期的興奮度。可如果超過了一定的界限（因人而異，沒有固定標準），皮質醇持續分泌，交感神經一直處於高度興奮狀態，皮質醇的調節模式就會失常。

皮質醇調節失常，意味著什麼呢？要知道，皮質醇是把心理壓力轉化為神經症的生理仲介，當這個仲介出了問題以後，心理的問題就會透過生理的方式呈現出來，導致血壓升高、免疫力下降、消化功能遭到破壞、身體疲勞、記憶力和注意力減退……當然，在出現這些身體不適的過程中，還會出現逃避、抗拒行動的傾向。

概括來說，壓力與動力之間的關係是一個倒U型曲線。當壓力強度在曲線轉捩點的最佳值上，人的潛能最容易被激發，壓力可以帶來動力。過了這個值以後，壓力會就產生焦慮、抑鬱等負面情緒。處理這些負面情緒需要耗費大量的意志力和心理資源，這就使得我們需要用更多的時間來放鬆，彌補精力的耗損。於是，拖延就應運而生了。

解決方法⬇找到壓力源，著手制定解決方案

想要解決壓力引發的拖延，最直接有效的辦法就是找到壓力源。

通常來說，壓力的來源主要有三類：

第一、事件：如工作中遇到了一項棘手的任務，或給自己制定了較高的目標。

第二、他人：如老闆的要求特別高，容錯率低；客戶很挑剔，總是不滿意；同事沒有責任心，不作為還喜歡推卸責任。

第三、自己：如適應不良的完美主義，容易自我懷疑，害怕別人的反對與評價。

當你陷入壓力和拖延狀態時，問問自己：你是在阻止什麼情況發生？如果是對自己期待過高，那麼不妨告訴自己：先少做一點兒，做得不夠好也沒關係，只要開始了就很好。如果是對能力不夠自信，可以對任務進行拆解和規劃，且能力是可以學習和提升的，找到薄弱的環節，有針對性地解決。

許多拖延者本身對自己的期待並不高，可一旦有他人參與進來，自己的表現需要外人來評價時，就會對自己產生過高的期待。說到底，就是因為過分看重自己的表現及他人的評價。要改善這種情況，可以多關注自己的能力和進步，而不是過分關注自己的表現，也就是培養成長型心態。

面對未知的事物時，我們也很容易產生壓力，因為它可能看起來很陌生、很複雜，讓我們無從下手。對於這樣的情況，我們要學會接受做事的模糊與不確定性，把阻礙完成這一任務的因素列出來，讓其清晰可見。然後，針對這些問題制定解決方案。

總而言之，只有瞭解了自己的壓力誘因，知道什麼東西會讓自己產生壓力，才有可能、也更容易找到解決之道，從而走出拖延的狀態。

03 自我解壓練習：STOP！叫停壓力

練習1：與身體對話

當我們感受到壓力時，身體往往會出現一系列的反應，如心率加速、身體緊張、血壓升高、失眠、消化不良、無法放鬆等。這個時候，我們要和身體進行一場精神對話，讓它慢慢平靜下來，身體自主神經系統的控制能力遠比我們想像中強大。

Step 1：用腹部進行深呼吸，吸氣和呼吸時要屏住幾秒鐘。

Step 2：屏氣的時候，試著讓身體放鬆。

Step 3：與身體進行對話，讓它平靜下來，並想像著它已經恢復了平靜。然後，把手放在胸口，在心裡默默地對自己說：「很好，你現在可以冷靜下來了。」

Step 4：想像著你的心跳速度正在慢慢減緩，伴隨著你的呼吸，開始逐漸恢復正常。在心裡默默告訴自己：「你現在什麼都不用做，只要放鬆，你可以做到。」

Step 5：你可以把自己的身體想像成孩子，用充滿愛與關懷的口吻對它說：「我知道你累了，你很辛苦，休息一下吧！別怕，你現在很安全。」

Step 6：練習五分鐘左右，感受身體的變化。

練習2：自我問答

Step 1：停下手中的事。當你感覺心神不安，內心被壓力填滿時，先把手邊的事情停下來。短暫的停歇，不會造成太大的影響，帶著壓力勉強硬撐，才是費神費時又費力。

Step 2：直面壓力狀態。停下來之後，你要直面壓力了。所謂直面，就是不抗拒這種狀態，承認自己正處於壓力中。如果你不承認它，甚至討厭自己的這種狀態，認為它不應該出現，不僅於事無補，還會造成進一步的心力耗損。

Step 3：進行自我對話。你可以捫心自問一下：「我到底在怕什麼呢？」這樣做的目的，是為了讓潛意識裡的壓力誘因浮現。比如，你正在為了一項任務焦心，看似是任務導致了壓力，但有可能背後潛藏的臺詞是：「我害怕做不好這項任務，老闆會認為我能力不行，不配得到這份薪水……或許，他還會把我 Fire……」

Step 4：理性分析想法。對於上述的想法，你認為它合乎情理嗎？比如，你負責的那項任務，是不是很有挑戰性？或者難度很大？如果沒有做好，一定會被辭退嗎？公司裡的其他同事，出現類似情況時，老闆通常是怎麼處理的？借此評判一下，你是否誇大了這件事可能帶來的後果？

Step 5：設想最糟的結果。假如你所設想最糟糕的結果出現了，老闆真的認為你能力不行，把你辭退了，你的人生會不會從此變得一塌糊塗？你這輩子是不是再也無法找到一份新的工作？

Step 6：思考解決的辦法。做好最壞的打算後，你不妨思考一下：可以做什麼來解決這個問題，並且能夠徹底放下？可能你會想到，尋求同事的幫助、查詢更多的資料、向老闆申請多一點時間……當你內心冒出這些可行性措施後，壓力也會隨之減輕。

04 恐懼不是敵人，等待恐懼消失才是敵人

趨樂和避苦都是人的本能，如果把兩者放在一起，你覺得哪一個力量更強大？心理學家康納曼（Kahneman）和特沃斯基（Tversky）提出的「前景理論」，提供了一種解答，人們在做選擇時，並不如我們想像中理智，我們預期自己會根據這個選擇最終會帶來多大收益來做判斷，但真正在做選擇時，我們會同時衡量損失與獲益的潛在價值。

然而，損失和獲益帶給人的感受程度並不對稱，對大部分的人而言，損失所帶來的負面情緒大大超過獲得所帶來的正面情緒。因此，逃避痛苦的力量，遠大於追求快樂的力量。

喜怒哀懼是人的基本情緒，在這四種情緒中，威力最大的莫過於恐懼，因為它總是和死亡聯繫在一起。如果我們無法感知快樂，生活必然會失去一些色彩，錯過

一些感動；但是，如果我們無法感知恐懼，卻可能會丟了性命。試想一下：過馬路時不管不顧，任意在車流中穿行；在懸崖陡壁上快步急行、跳躍；隨意靠近未見過的蛇類，無視野獸的存在……會有什麼結果？

恐懼是由大腦的邊緣系統中的杏仁核控制的，杏仁核的主要功能關乎兩部分，一是記憶，二是情緒，它參與調控的情緒恰恰就是恐懼。二〇一〇年，一位白人女性因一氧化碳中毒，患了一種罕見的疾病，大腦的杏仁核喪失了原有的功能。結果，這位白人女性在被帶去世界上最恐怖的鬼屋時，也毫不畏懼。

從生理和本能的角度來解釋，拖延就是人在面臨恐懼時所產生的一種逃避心理。生活中，哪些事情會容易讓我們感到恐懼，繼而產生拖延行為呢？

從難易程度上來說，複雜的、繁重的、困難的、耗費精力的事情，會讓我們不由自主地感到恐懼，並產生排斥和厭惡的情緒；從時間長短上來說，需要耗費很長時間才能完成的事情，也會讓我們感到恐懼，不願意去觸碰。從掌控感上說，一切讓我們感覺無法掌控的事情，如遭遇突發事件、踏足陌生的領域、學習新的技能等，都會讓我們感到恐懼。

解決方法⬇採取行動，恐懼就會慢慢削弱

拖延是對當下所做的事情感到恐懼而產生的一種逃避心理，我們該怎麼處理這種情緒呢？可能會有拖延者安慰自己說：「我只是緩一緩，等自己不再恐懼的時候……」

如果你有這樣的想法，我勸你趁早叫停。美國知名女性作家、演說家瑪麗·弗里奧（Marie Forleo）說過：「恐懼不是你的敵人。等待自己變得不再恐懼，才是你的敵人。」我們永遠無法停止感到恐懼，即便是成功的人也面臨著和我們一樣的恐懼。唯一的不同在於，即便他們心存恐懼，即便境況不夠理想，他們還是會選擇勇往直前。他們深知，相比付諸行動，恐懼和拖延更讓人感到心力交瘁，帶來的遺憾也更多。

恐懼不會消失，等待恐懼過去是一種徒勞，我們要做的是學會與恐懼共舞。

Step 1：識別逃避心理

- 逃避的人總喜歡做準備工作，以此來推遲面對真正的恐懼，比如「找資料用一年，寫論文用三天」，就是最典型的表現。
- 逃避的人為了減輕內疚與自責感，會尋找一些代替方案，比如，「寫計畫太難，我先看會書」、「書看不進去，我去看看紀錄片」、「紀錄片很枯燥，我先滑一下手機」。透過代替方案，可以緩解內心的恐懼，但真正要處理的問題卻被後置了。
- 逃避的人喜歡把任務後置，安慰自己說「現在還不是時候」、「這會兒狀態不好」。我們說過，不要對未來的自己期望太高，不要相信拖延一下之後情緒就會變好。

Step 2：降低做某事的感知風險

克服恐懼比較好的方式，是降低做某一件事的感知風險，風險越低就越容易付諸行動。具體的做法就是，朝著你想抵達的目標，邁出最小的一步，一點點地挪動前行。

美國作家蘇珊．坎恩（Susan Cain），就是借助這種方式讓自己克服對公開演講的恐懼的。比如，在某次公開演講研討會的第一環節，坎恩需要做的事情就是站起來介紹自己的名字，然後回到座位上，只要完成就是一次勝利。到下一週，她可以再試著走上舞臺，站在人群中間，這又是一次勝利。循序漸進，每週進展一小步，最終她勇敢地做到了面對觀眾從容地演說。

Step 3：用NLP語言轉換任務目標

任務太艱鉅、量太大、太繁雜，就很容易讓人因畏懼而拖延。

這時候，我們可以借助NLP（神經語言程式學）轉換任務目標，以此削弱恐懼，從而改變行為模式。

舉例來說：當你內心湧現出「這件事情好難」、「我覺得自己搞不定」的想法時，你可以試著將這句話替換成「要做成這件事需要幾個步驟」？仔細品味，你會發現，這不僅是一句話的轉化，它其實已經讓你從抱怨模式轉向了解決問題模式。

Step 4：用預期後悔促使行動發生

行為心理學家曾針對在各類行為中感到遺憾的人進行過研究，結果發現：當個體認定，如果自己不做某件事情，將來一定會為之感到後悔，他就有可能產生去做這件事情的動機。這種情況被稱為「遺憾厭惡理論」，也叫做「預期後悔」。

其中一個實驗，研究人員將受試者分為兩組，兩組人都要制定一個運動計畫——即兩週內運動N次。接下來，其中的一組受試者要接受追問：如果在計畫中的兩週內沒有運動，你會覺得遺憾嗎？另一組受試者則不接受任何追問。

實驗結果顯示：回答追問的受試組成員，鍛煉頻率是對照組（未接受追問組）的兩倍！原因就是，他們在被追問的過程中，想到了「不運動會遺憾」的情形。

當你屈服於眼前的安逸或是害怕做某件事時，不妨問問自己：如果我不去做這件事，我會不會感到後悔？是做這件事痛苦，還是將來飽受遺憾更痛苦？趨樂避苦的本能在進行一番對比後，多半會促使你採取行動。

•　•　•

其實，**真正讓我們感到痛苦的，並非做某件事本身，而是在做這件事之前預感到的艱難。**當我們真正去做的時候，那份痛覺就會奇蹟般地消失。只要你不再逃避，慢慢削弱恐懼，以微小的改變開始行動，你就已經贏了一大半。

05 越焦慮就越拖延，越拖延就越煩躁

夢哲進入職場已有六年，期間只換過兩次工作。目前，她在一家公司的行政部門任職。從小家境優渥的夢哲，沒有太過強烈的事業心，只要有一份工作能夠養活自己，又不太辛苦，她覺得自己可以一直做下去。

可惜啊，生活不會永遠隨人所願。

前段時間，夢哲所在的公司突然宣布要改制，可能會給在職人員降薪，也可能會裁掉一批員工，一切尚未敲定。這幾年來，夢哲的工作一直比較清閒，從來沒有什麼緊迫感和危機感，可這一次她卻隱隱地感到不安。

「接下來，妳有什麼打算呢？」我問夢哲。

「我還沒有想好。想辭職去找份新的工作，可又擔心自己能力不足；留下來吧，心裡也是慌慌的，萬一被裁員了，到時候更被動。」夢哲露出一副糾結的表情。

「妳現在，有沒有做什麼努力，消除這種不確定帶來的焦慮感？」我繼續問。

「沒有，每天的生活還是跟以前一樣。雖然現在心裡很焦慮，但我不知道自己能做什麼？貌似我也不太想做任何努力，就在等著那個最終的結果到來。」夢哲說。

我們聊了有一個小時，最終得到的評估就是，夢哲對自己的能力感到懷疑，這種不自信感使她對不確定的未來充滿恐慌，卻又不知道該怎麼處理？

針對這一問題，我們商討了目標，決定從改變目前的狀態開始，讓她找到一個感興趣又願意提升的內容，充實自己，減緩焦慮。

看到夢哲的情況，相信很多人都會有似曾相識之感：內心明明對自己有期待，對現狀感到不滿和焦慮，卻又拖延著不去改變。

羨慕別人身材好，卻丟不掉手裡高熱量零食，減肥的計畫一拖再拖；希望自己能在職場上遊刃有餘，卻在下班後抱著手機，而沒有動力去看書充電；知道有一堆事情要做，時間很緊張，卻還是坐在椅子上想，再等一會兒；知道熬夜對身體不好，也擔心日久成疾，卻還是忍不住多開一局遊戲……我們都因拖延而焦慮，卻又在焦慮中拖延。

焦慮，就是指對各種選擇呈現出迷茫、不知所措的狀態。有人把它比喻成鞋裡的沙子，不即時把它處理掉，就算是小小的一粒沙，也會讓人心煩意亂。在焦慮的狀態下，大腦很容易失去理智的判斷，很難靜下心來去做一件事。結果，就會導致拖延。

在拖延的過程中，我們也知道有些事情是需要做的，有些問題是需要處理的，但遲遲沒有做出行動和改變，又會加劇焦慮。很多人正處在這樣的狀態下，客觀現實迫使著自己要改變，要脫離困境，實現自我價值；可主觀上卻又感到無能為力，經常陷入自我哀歎、自我放逐中，越陷越深。

迴避終究解決不了問題，想要真正扭轉結局，還是要從焦慮情緒入手，讓自己能夠以較為平和的心態，投入到腳踏實地的行動中。

解決方法 ⬇ 找回生活掌控感，才能減緩焦慮

心理學家認為，「不確定」和「焦慮」之間存在著不可分割的聯繫。當未知

的、不確定的情形出現時，我們會產生強烈的不安全感，感覺事態和情勢已超出自己的掌控範圍。不確定性越大，焦慮感就會越強，拖延的情況也會隨之加重。因此，想要解決拖延的問題，必須先協助自己找回掌控感，以減緩焦慮情緒。

方法1：運動與正念，調節自律神經

運動的好處在於，可以增加大腦的多巴胺與腦內啡，讓人獲得平靜與放鬆。比如，瑜伽、慢跑、游泳，都能夠啟動大腦中積極情緒的迴路，從自律神經方面幫助我們調節恐懼情緒。

除了日常的運動外，正念也是要極力推薦的一種緩解焦慮的方法。所謂正念，就是有目的的、此時此刻的、不評判的專注所帶來的覺察。

相關研究顯示，兩週以上的正念，能夠增加個體內心的平靜感，改善睡眠品質；八週的正念，對人腦部的功能有顯著的改變，受試者負責注意力與綜合情緒的皮層變厚，與恐懼、焦慮相關的杏仁核區域腦灰質變薄。

方法2：清晰描繪令自己焦慮的東西

假如拖延者遇到了這樣的情況：老師安排他試講一個課題，他特別焦慮，一直找藉口把時間往後拖……對於這樣的情況，可以用具體化的方式描述一下當時的情形，如什麼時間？什麼地點？有哪些人參加？你講的是什麼課題？為什麼要講這個課題？你在哪一刻感到焦慮？焦慮的時候你想到了什麼，又做了什麼？

當在描述的過程中，拖延者會對整個事件進行反思和覺察，釐清頭腦中的思緒，看清整個事件的全貌和細節，並感知到自己的情緒。當一個人對自己焦慮、恐懼的東西變得瞭解和熟悉時，他會覺得更有控制感，從而減緩焦慮。

方法3：對頭腦中的事情進行優先級排序

焦慮的人，腦子裡會充斥著各式各樣的待辦事項，甚至情緒雜念，當各種問題疊加在一起如海浪般湧來，有這麼多事情必須要解決，勢必會感到焦躁難安，恐慌畏懼而逃避（拖延）。

要處理這樣的情況，最可行的辦法就是：把頭腦中想到的事情列一張清單，並進行優先順序排序。然後，選擇優先順序最高的那件事，全神貫注地去處理，完成一個再進行下一個。這樣的話，不僅能讓所要做的事情變得一目了然，還可以在完成一項任務後獲得成就感，激勵自己繼續行動，從而有效地減緩焦慮情緒。

如果是一些長期的、難度較大的任務，可以對目標拆解、細分，制訂詳細的計畫，明確執行方案、截止日期，按部就班地去做。當一塊難啃的骨頭被切成了多個小塊，看起來就沒那麼可怕了，也能提升個體對整個事件的掌控感。

06 迅速減緩焦慮情緒的「三步法」

很多時候，現實的狀況並沒有我們想像得那麼糟糕，只是我們預感會有不好的事情發生，或是對事情可能出現的各種結果把握不定，從而產生了焦慮。當我們被焦慮折磨得心煩意亂，無法靜下來思考和採取任何行動時，有沒有什麼辦法可以迅速減緩這種惱人的情緒，幫助我們找回一些平靜呢？

我們可以透過美國工程師成利斯．卡利爾的一段親身經歷，來找尋解決之道。

成利斯．卡利爾曾經搞砸了一件工作，這會給公司帶來巨大的損失。面對這樣的突發事件，他心裡焦慮萬分，陷入痛苦中不能自拔，無心做任何事。這樣的狀態持續了很久，卡利爾意識到，不能再這樣下去了，他必須要讓自己平靜下來才能想到解決問題的辦法。沒想到，這種強迫自己平靜下來的心理狀態，真的起了效用。後來的三十多年裡，卡利爾一直遵循著這種方法，遇到事情先命令自己「不許激動」。卡利爾結合當時的處境，總結出了處理焦慮的三個步驟：

Step 1：冷靜分析，設想最壞的結果

心平氣和地分析情況，設想已經出現的問題可能會帶來的最壞結果。當時，卡利爾面臨的情況也比較糟糕，但還不至於到坐牢的境地，頂多是丟了工作。

Step 2：做好準備，承擔最壞的結果

預估最壞的結果後，做好勇敢承擔下來的思想準備。

卡利爾告訴自己，這次失敗會給我的人生留下一個不光彩的痕跡，影響我的晉升，甚至讓我失業。可即便我丟了工作，我還可以去其他地方做事，這也不是什麼大事。當他仔細分析了可能造成的最壞結果，並準備心甘情願地去承受這個結果後，他突然覺得輕鬆了很多，心裡不再壓抑憋悶，找回了久違的平靜。

Step 3：盡力而為，排除最壞的結果

心情平靜後，把所有的時間和精力用在工作上，儘量排除最壞的結果。

卡利爾的做法是，做了多次試驗，設法把損失降到最低。後來，公司非但沒有損失，還淨賺了一．五萬美元。

．．．

這三個步驟是處理焦慮情緒的通用方法。畢竟，人陷入焦慮狀態中時，會破壞集中思緒的能力，無法專心致志地想問題，也很容易喪失當機立斷的能力。選擇強迫終止焦慮，正視現實，準備承擔最壞的後果，就可以消除一切模糊不清的念頭，讓人集中精力去思考解決問題的辦法。

另外，感到焦慮不安時，也可以主動把內心的擔憂告訴身邊可信任的人，減輕一下心理負擔。如果沒有合適的傾訴對象，也可以找一張紙，把自己的擔憂寫出來。這樣做的話，可以釐清思緒，讓混沌不清的問題有個脈絡，也能讓自己清晰地認識到問題的性質，是否真的有那麼糟糕？

上述過程的實質，其實就是讓自己冷靜下來，明白事情最壞的結果是什麼？有沒有勇氣去承擔？回答了這個問題後，焦慮會減輕很多，接下來就是想辦法阻止最壞的結果發生。這個時候，掌控感重新回到了我們的手中，焦慮和拖延也就無所遁形了。

終結拖延 4

模糊不清

—— 方向不明時，更容易拖拖拉拉

01 沒有明晰的方向，改變很難發生

深陷拖延的沼澤時，沒有人不想改變現狀。可問題是，為什麼明知道需要做出改變，卻遲遲不肯行動呢？難道只是因為「懶癌」發作嗎？畢竟，現實中不少拖延者在遇到類似情況時，都會給自己扣上一個「懶惰」的帽子。

真相是不是如此呢？我想引用丹・希思（Dan Heath）在《學會改變：戒除壞習慣、實現目標、影響他人的九大關鍵策略》（*Switch: How to Change Things When Change is Hard*）中的一個案例來作答。

西維吉尼亞大學的兩位教授曾經思考，怎樣才能說服人們接受更加健康的飲食方式？是提醒人們開始吃什麼，停止吃什麼？還是提倡在家裡用餐，減少外食？具體從哪一餐開始改變飲食習慣呢？辦法不計其數，可執行難度卻很大。

經歷了幾輪的頭腦風暴後，兩位教授把焦點鎖定在牛奶上，因為牛奶是典型美國飲食中飽和脂肪的最大來源。他們發現，如果美國人不喝全脂牛奶，改喝脂肪含量低於一％的脫脂牛奶，那麼飲食中飽和脂肪的攝取量很快就能降到美國農業部建議的數值。

怎樣才能讓美國人改喝脫脂牛奶呢？畢竟，很多人在家裡往往是找到什麼就喝什麼，低脂牛奶和全脂牛奶的消耗速度相差無幾。

他們認為，不用改變人們喝牛奶的飲食習慣，只要改變他們的購買行為就可以了。

這樣一來，行動計畫就變得很明確了。兩位教授開始在西維吉尼亞州的兩個社區發起專項活動，利用各類媒體進行為期半個月的廣告宣傳，並在一場記者會上展示了一大根盛滿脂肪的管子，相當於約合一．九升全脂牛奶所含的脂肪量。

兩位教授檢測了活動覆蓋地區的八家商店，並記錄牛奶的銷售資料。結果顯示，經過一系列活動，低脂牛奶的市場分額大幅提升。為此，他們得出結論：當新的飲食習慣要求越明確，人們接受改變的可能性越大！換句話說，想要改變，必須指出明晰的方向。

回歸到現實生活中，有許多問題我們確實意識到了，可往往不知道從哪兒下手、具體該做什麼，總覺得一頭霧水，故而就拖著不去改變。

以垃圾分類來說，一開始很多社區的居民做得都不太好，雖然電視媒體、社區物業、管委會都在宣傳，大家也都聽到看到了，可多數人還是按照原來的方式處理垃圾。後來，物業安排了專人指導，並給每戶居民都發放了宣傳單，以及垃圾分類的防水貼紙，讓大家準備幾個不同的垃圾桶，把貼紙貼上去，一目了然。有了這種清晰的指導，大家也覺得垃圾分類沒那麼麻煩，就各自在家完成了對垃圾的分類，效果很明顯。

無論是解決社會問題，還是處理個人問題，都離不開一個清晰明確的目標。你要知道前行的方向，才能制訂出最佳的路徑，一步步地朝著既定目標前行。如果不知道該幹什麼，該往哪個方向努力，要麼站在原地徘徊，要麼胡亂地兜圈子，最終一事無成。

02 SMART法則：制訂清晰有效的目標

你可能聽說過喬・辛普森（Joe Simpson）的名字，他是英國的著名登山專家，世界上很多高峰險峰都曾留下過他攀登的足跡。當然，他也經歷過常人難以想像的艱險。

喬・辛普森曾經跌入一個與世隔絕的秘魯高山裂縫的底部，脛骨摔碎。擺在眼前的選擇只有兩個，要麼在三天內爬過八公里的冰川地帶抵達營地，要麼在原地等待死亡的降臨。經歷了曠日持久的登山過程，他的體力基本上已經耗盡了，沒有食物，僅剩下一點點水，怎麼看這都是一場無法完成的旅程。

在令人絕望的處境下，辛普森發現自己的身上還有一樣求生工具：手錶。沒錯，他用手錶給自己設立目標，每次設置一個二十分鐘的倒數計時，然後朝著附近的岩石或攀扶物爬去。當他能夠及時抵達目標時，他就感到格外興奮；做不到的時候，也會倍感絕望。他就這樣與疲倦、疼痛以及後來產生的精神錯亂持續爭鬥了數百次，最後在他的朋友們打算離開之前，抵達了營地的範圍內。後來，辛普森把這段人生經歷寫入了《冰峰暗隙》（*Touching the Void*）一書，並充分強調了目標設置的力量。

看過這些真實的案例後，相信沒有人會質疑目標的重要性。然而，真正困難的問題是，如何構建目標才能讓我們產生充分的動力？畢竟，不少拖延者也給自己設立過目標，比如：「我想減肥」、「我想學英語」、「我想賺很多錢」，但這些目標似乎並未發揮出指引的效用，完全形同虛設。

導致這種情況的根本原因是目標過於籠統和模糊，沒有明確的指向性。也就是說，設定目標時未曾考慮諸多細節，如減肥的標準是什麼？準備減到幾公斤？用多長時間來實現？用什麼方法來實現？學習英語要達到什麼樣的程度，是高級水準，還是日常交流無障礙？抑或是用英語來進行商務談判？要賺很多錢，到底是多少錢？有沒有具體的標準和時間期限？現在的自身條件能否實現？如若不能，還需要進行哪些方面的提升？提升的方法和途徑有哪些？

目標真不是一句簡單的「我想……」，想和實現之間，還隔著一段長長的距離。如果你玩過拼圖遊戲就會知道，目標就像印在盒子上的完成圖，拼圖塊就像實現目標必需的步驟和組成因素。如果沒有清晰的圖示，你如何用手中的素材去完成一幅美麗的藍圖？

什麼樣的目標才是有效的呢？在此，我們需要引入目標體系的SMART原則。

解決方法⬇用SMART原則找到可實踐的目標

S（specific）：明確性，不能籠統和抽象

明確性，就是要用具體的語言清楚地說明要達成的行為標準。

✗錯誤示範：我要養成多讀書的習慣！

✓正確示範：每個月讀完兩本書，這個月的目標是《人間失格》和《快思慢想》。

✗錯誤示範：我們要增強為客戶服務的意識！

✓正確示範：三個月將客戶投訴率降低二%。

M（measurable）：衡量性，即需要數量化

衡量性，就是要有具體的數據來衡量你是否達標。

這裡涉及兩個重要元素：目標指數、即時衡量指數。

舉個簡單的例子：A先生開了一家英語輔導機構，目標是在三年內讓這所機構在地方上變得赫赫有名。這裡的「赫赫有名」是個形容詞，也是很難衡量評判你是否達到目標。

對這一目標的修訂是：培養出一千名考到「高級口譯」證書的學生，幫助五百名學生通過雅思、托福考試。這樣一來目標就變成了可以量化的東西，你很容易透過結果來判斷自己是否實現了目標。「數量化」正是此意。

A（attainable）：可實現性，只要付出努力即可實現，目標不可過高或過低，要適度

可實現性，就是透過現有的時間規劃和執行力，確保可以實現的目標。

如果你讓一個只有初中英語水準的人，在一年內達到托福的水準，這個就不太現實。這樣的目標是沒有意義的，如果你讓他一年內學會基本的日常口語交流，這個目標是有可能實現的，能夠踮起腳尖搆得著的果子，才有意義和動力。

R（relevant）：相關性，與其他目標有關連性

相關性，就是實現此目標與其他目標的關聯情況。如果實現了這個目標，但與其他的目標全都不相關或者相關度很低，即使這個目標實現了，也沒多大意義。這一點對設定工作目標很重要，你的目標必須要跟崗位職責相關。

舉例來說，你是外貿的客服專員，提升英語水準直接關係著你的服務品質，這一目標就跟你提升工作水準的目標相關聯。如果你去學習程式設計，那就跑題了，除非你有意轉行去從事這樣的工作，否則這個目標跟你提升工作水準的目標相關性很低。

T（time-bound）：時限性，即完成目標的時間期限

時限性，就是目標設置要有時間限制，擬定完成目標所需的時間，並定期檢查進度，即時掌握進展的變化情況，以便即時做出調整。

假設你準備減重十五公斤，這個目標的完成時限是三個月還是半年？這樣的話，你就清楚每個月要完成減重多少公斤的任務分配了。然後，計畫好相應的飲食計畫和運動計畫，每週秤量一次體重，月底檢驗一下是否達標。如果只是告訴自己：我要減重十五公斤，而沒有一個時間限制，那麼，很有可能，這十五公斤脂肪會一直跟隨你。

現在，請試著把你的目標與「SMART」原則對照，看看它是否符合上述原則？

03 怎樣設計目標才能增加動力效應？

現在我們已經知道，借助ＳＭＡＲＴ法則可以制定出清晰有效的目標。不過，有了清晰的目標不代表就能積極快樂去執行，畢竟有些目標看起來並不是那麼可愛，甚至還有點枯燥乏味。所以，在保證目標清晰有效的前提下，我們有必要瞭解一些設計目標的技巧，從而增強動力效應。

技巧1：目標要有挑戰性，促進自己成長和進步

有什麼樣的目標，就有什麼樣的人生。輕而易舉就能實現的目標，往往無法促進自己成長和進步。更重要的是，你知道衝過任何比賽的終點線後會發生的事，那就是停下來。所以，要學會給自己製造一點適度的壓力，就是踮起腳才能搆得著的那種高度。這樣，你才能慢慢學會離開「舒適區」，不畏懼冒險和不確定的未來。

技巧2：目標要有趣味性，適當融入遊戲的因素

沒有誰願意做一些枯燥無味的事情，一旦覺得某些事情很無聊或是很痛苦，就會不可避免地產生拖延傾向。可現實的情形是，有些事情雖然很麻煩，卻是必須要完成的。面對這樣的情況，我們該怎麼處理呢？

其實，枯燥不是任何工作的固有屬性，想要讓一件事變得不那麼無趣，可以試著增加它的難度。當然，這個難度要適宜，太難的話會起到反作用。在工作難度與自身能力之間尋找平衡點，是實現心流狀態的關鍵。

戲劇表演團「破碎蜥蜴」曾經圍繞這一主題編寫了《超級騎警》的電影，裡面講述了五個美國佛蒙特州騎警的故事，他們試圖將遊戲和惡作劇帶入工作，聊以度日。以我自己來說，撰稿並不是一件輕鬆的事，偶爾也會覺得枯燥。為了避免這種厭煩感，每次處理不同的主題或書稿時，會挑選不同的字體，從而感受到頁面整體的變化。有機會的話你可以試試，「宋體」和「幼圓」帶給人的視覺感受乃至心理感受，是完全不同的。

技巧3：目標要與你緊密相關，有積極意義和價值

在參加心理培訓課程的那幾年，我結識了不少優秀的夥伴。有些夥伴是公司的高管，還有的是自己創業，平日工作都很忙，即便如此，他們還是願意犧牲週末或晚上休息的時間來學習，而從未有過不情願。透過交流，我發現夥伴們的動因大致是這樣的：

- 準備從事心理諮商工作。
- 改善自己和周圍人的關係。
- 深入瞭解自我，獲得內在成長。
- 將心理學與工作融合，提升管理能力。
- 學習科學教養，構建良好的親子關係。
- 走出原生家庭的影響。

當任務目標與我們息息相關，並具有積極的意義和價值時，拖延的風險就會降低。

很多時候，隨著年齡的增長，我們越發能夠看清因果，看到自己曾經不屑的事物所具有的意義。如果沒有長遠的人生目標，那麼現在你就應該去尋找它，它會給

你今後所做的事情注入更多的意義。如果你的人生目標是打造一個溫暖的家，構建良好的親密關係和親子關係，那麼無論是「打掃房間」、「整理衣櫥」、「規律運動」、「健康飲食」，都將成為你實現這一大目標的奠基石，而你在處理這些具體事物的時候，也就具備了更深層的動力——愛自己才有餘力愛家人，溫暖的家需要乾淨整潔的環境。

技巧4：目標要用正向表述，避免否定字眼

為了進一步強化內在動機，你在描述目標的時候，要注意使用正向的字眼，呈現出自己希望達成的狀態，而不是你想要避免的處境。我們可以將其理解為一種信念或暗示，如果你總是想著「減肥期間不能吃甜品」，你腦子裡充斥的往往全是甜品，你會感受到與本能欲望做鬥爭的痛苦；如果你想的是「每一餐都要吃健康的食物」，你想到的就是該如何搭配飲食，選擇哪些健康的食材？借助下面的幾組對比，好好感受一下區別：

✗錯誤示範：我太胖了，一定要在三個月減掉十公斤！

✓正確示範：我追求健康，三個月時間達到標準體重（減重十公斤）。

✗錯誤示範：不能再賴床了，要做到六點鐘起床！
✓正確示範：從明天開始，提前十分鐘起床，堅持一週，然後循序漸進。

・・・

事物本身沒有什麼不同，你看待它們的眼光，決定了它們的樣子。在設計目標這件事上，也是同樣的道理，你看待任務的方式，深刻地決定了它們的價值。

04 為自己設置一個合理的期望值

每個人都有自己的道路要走，在追求實現目標的路上大多數人都是踽踽獨行的個體，那麼，當身邊沒有其他人做參照物的時候，我們該如何判斷自己的能力和水準呢？

答案就是：設置期望值。要知道，做事情最忌諱的就是漫無目的地瞎做，如果對要完成的事情心中沒有期待，隨便做到什麼程度都可以的話，那是不是不做也可以呢？如果給自己設置一個合理的期望值，情況就不同了，它有助於我們更好地實現目標。

設置一個合理的期望值，然後向它一步步邁進，當有了一個具體的數值或者目標層級做參考的時候，每一步前進或者退步都能看得清清楚楚，有助於即時調整偏頗的步伐；逐步向預先設定的那個期望值靠近時，心裡會感到越來越滿足，這種滿足感可以幫我們樹立自信心。那麼，合理的期望值要具備哪些要素呢？

要素1：基於現實

一切脫離實際的理論都是空談，在設定期望值的時候也要基於現實。你不能要求一個長期處於班級倒數的學生，在高考來臨的最後三天裡瘋狂複習，然後考到全國第一；你也不能要求幾個建築工人，在一週內建出一座高樓。這些不切實際的念頭不是「期望值」，而是漫無邊際的妄想，可能出現在童話故事裡，但絕對不可能出現在現實生活中。

要素2：比自己的實際水準稍高一點

哲人說：「向著月亮進發，即便失敗，也會置身群星之中。」

輕輕鬆鬆就能夠得到的東西不能算什麼寶藏。當我們設置「期望值」的時候，理應比我們自身的實際情況要高一點，這樣才具有一定的挑戰性，才符合「期望」這個詞的本義。正如哲人拿星星和月亮打比方，當我們的目標是伸手摘月時，一點點向著月亮前進，即便最後摘不到月亮，也會置身群星之中了。

把期望值定得稍高一些，向它靠近的過程就也是我們逐漸變好的過程，即便你最後達不到期望值的水準，結果也不會太差。當然了，這裡「稍高一點的期望值」要區別於前面提到的「脫離現實的幻想」。

要素3：具有獨特性

每個人的人生道路都是各不相同的，即便是住在同一個屋簷下的室友也會有不同的人生規劃，而「期望值」所涵蓋的內容包括方方面面，可以是你今後想從事的職業，也可以是你近期想達到的月收入。總之，每個人的人生都是不可複製的，所以在設置期望值的時候也應該根據實際情況調整，設置自己獨特的期望值，不從眾、不跟風。

· · ·

無論對工作還是對生活，希望你能給自己設立一個預期分數，然後努力爭取，實現自我的人生價值。這一路也許風雨兼程，但請你始終保持可貴的清醒，不要美化過程，不要自怨自艾，一切以客觀現實為基礎，希望你能成為那個「手可摘星辰」的人。

05 確定終點線，為任務畫一條Deadline

目標管理的「SMART」原則告訴我們，目標必須是明確的、可衡量的、可實現的、有相關性的、有時限的。任何目標的實現都需要限定期限，也就是我們常說的「Deadline」。

沒有時間期限，就不知道終點線在哪兒，更沒有「Deadline」越來越近的緊迫感。如此一來，目標很可能會一直被停放在遠處，而自己卻拖拖拉拉不肯行動，並擺出一系列的理由：「反正時間還多呢」、「時機還不太成熟」、「我還需要再考慮一些東西」……這一思考，可能就到了許久以後。

給目標設置Deadline不是隨意的，我們必須正確評估達成目標所需的時間，將其設定在一個合理的範圍內，不能太早或太晚。從心理學角度來講，在合理的範圍內把截止日期適當提前，可以增加緊迫感，促使我們下意識地抓緊工作，心裡會下意識地想到「時間不多」，故而做事更加專注，不敢輕易鬆懈。思想決定著行動，在適當的壓力和緊迫感的作用下，我們往往能發揮出潛能，提前完成任務。

剛開始做文案時，梅莎總是拖延，使得老闆很不滿意。畢竟，文案出不來，就會影響設計的進度，設計的樣稿出不來，就沒有辦法跟客戶溝通，等於整個流程都被耽誤了。尤其是，文案寫出來後，還可能需要修改，前後又會耽誤一兩天。為了這件事，老闆沒少批評梅莎，說這樣的工作效率，直接影響著公司的效益。

其實，梅莎自己也知道，她有拖延的習慣。剛接到案子時，總覺得有三天的時間，絕對可以完成。第一天慢悠悠地在網上閒逛，名義上是找找思路和靈感，有時一整天下來什麼內容也沒寫；到了第二天，依舊停留在「找」和「想」的階段，臨近下班時，老闆往往就會問，有沒有什麼想法？進展到什麼程度了？

這個時候，梅莎就會感到心慌，想著晚上加班也要做出一個框架來。到了截止日期那天，她只得匆忙地補充和潤色框架，然後急匆匆地交給長官。由於大量的工作都是第三天才完成的，少不了會有錯誤和紕漏，梅莎還得為此提心吊膽。

痛定思痛，梅莎決心一定要改掉這個毛病！

當老闆交代下任務，說三天內完成時，梅莎就主動把完成日期提前一天。想到第二天就必須得出來有模有樣的東西，她就不敢再悠閒地看網頁、滑手機了，而是會儘快確定一個方向和框架，做出大致的內容。

到了第二天，再把具體的內容完善，做出一個基本成型的樣子。第三天上午，她會再檢查、修改、潤色一下，在中午左右交給老闆。有了精心的審核，文案的錯別字、病句等問題少了很多，而且老闆有什麼建議的話，也能在下午就修改，等晚上下班前，整個案子就能漂亮地遞交給設計部了。

只是把截止日期提前一天，梅莎的工作就變得順暢了很多。一來心情沒那麼煩躁了，二來內容品質好很多，再者能加深老闆對自己的信任。只是一個小小的改變，就讓梅莎的工作狀態發生了質的改變。

很早以前看過一個實驗：教育專家讓小學生讀一篇課文，不規定時間，結果用了八分鐘，全班同學才完成。後來，專家把時間規定在五分鐘內，結果全班同學不到五分鐘就全都讀完了。這個實驗反映了一個普遍的現象：對於不需要馬上完成的事情，我們習慣等到最後期限即將到來時才去努力完成，這也被稱為「最後通牒效應」。

好萊塢傳媒大亨巴瑞・迪勒（Barry Diller）曾被員工稱為「吸血鬼」，他在擔任派拉蒙影業公司總裁時，為了促使員工更快地完成工作，偶爾會給製作人員發放一張假的計畫表，把所有的完成日期都提前一到兩個星期。有下屬曾經質疑他的做法，對此巴瑞·迪勒的解釋是：「這樣的話，即便他們耽誤了工期，你還是有時間進行補救的。」

既然我們都有能力或潛力在「最後通牒」來臨前完成任務，不妨就把這個截止日期做一個人為的調整。接到任務後，把 Deadline 往前挪一段時間，然後把任務分成幾個階段，計算好每一部分需要花費的時間，一點點按部就班地完成。這樣的話，就能有效避免因目標過大而產生恐懼、焦慮的心理，繼而導致拖延，還能高品質地、輕鬆地完成任務。

06 合理拆解目標，循序漸進地完成

當我們制定出了一個積極正向、明確有效的目標後，如何保證可以順利推進呢？畢竟，長遠目標通常都不是短期內可以完成的，它們看起來就像一塊難啃的大骨頭。人又有趨樂避苦的本能，一旦感覺骨頭太大、太難啃、耗費時間太長，就可能生出畏難的情緒，陷入拖延之中，讓目標被架空。

杏子小姐決意，用半年的時間，減重十五公斤。她暗下決心：這一次必須成功，並且制訂了嚴格的飲食和運動計畫。剛開始的幾天，杏子小姐的狀態還不錯，心心念念的全是減掉十五公斤的體重，每天早起上秤，都盼著體重數字往下掉。

人的身體不是機器，體重也很難以直線的速度往下走。雖然控制了飲食、加強了運動，可體重偶爾還是會出現上漲的趨勢。如此一來，杏子小姐堅持的動力很快就被抹滅了，漸漸地又恢復到從前的狀態，減肥大計就此又被束之高閣。

如果你是杏子小姐的話，你會用什麼樣的方式去完成這一目標？

我相信，肯定會有朋友想到把大目標十五公斤進行拆解，每個月減重二．五公斤！然後，再將二．五公斤拆分到四週，每週減重〇．六二五公斤！

沒錯，這就是正解！歌德說過：「向著某一天終要達到的那個目標邁步還不夠，還要把每一步驟看成目標，使它作為步驟而起作用。」〇．六二五公斤和十五公斤相比，給人的心理壓力小了很多，也讓人感覺容易堅持，不會因為急於求成而受挫。待每週的小目標實現了，最終的大目標也就完成了。

解決方法➡兩種目標拆解法：多叉樹法&剝洋蔥法

方法1：多叉樹法

從字面意思上理解，這是一種類似樹幹、樹枝、葉子的分類法。大目標相當於樹幹，次級目標相當於分散的樹枝，更次一級的小目標（現在要做的事）就是樹枝上的葉子。一棵完整的目標多叉樹，就是一套完整的目標達成行動計畫。

具體應用的時候，可以分步進行：

Step 1：寫下大目標，思考要實現這個目標的條件是什麼？

Step 2：列出實現大目標的必要條件和充分條件，即達成大目標前要完成的次級目標。

Step 3：思考要實現這些小目標的條件是什麼？

Step 4：列出達成每一個小目標的充分條件。

Step 5：如此類推，直到畫出所有的樹葉。

請注意：從葉子到樹枝，再到樹幹，你需要不斷地問自己：如果這些小目標都能實現的話，大目標一定會實現嗎？如果答案是肯定的，就證明這個分解已經完成。如果回答是「不一定」，就證明所列出的條件還不夠充分，需要繼續補充。

方法2：剝洋蔥法

剝洋蔥法，就是把目標視為一個完整的洋蔥，一層一層地剝下去，把大目標分解成多個小目標，再把這些小目標分解成更小的目標，直至具體到此時此刻要做的事務。

・・・

每天不拖延、按部就班地達成小目標並不難，且這種成功的喜悅會帶來動力，讓我們看到自己在朝著目標靠近。這樣下去，我們做事的興趣會越來越濃，信心越來越足，改掉拖延的機率也會越來越大。

07 不看遠方模糊的，做好手邊清楚的

在執行細分任務的過程中，我們經常會被一種錯誤的心態籠罩：才完成了這麼一點點，距離大目標還是那麼遙遠，長路漫漫，我能堅持下去嗎？一想到這裡，就感到灰心喪氣，動力不足，甚至真的有可能陷入拖延中，終止行動。

十九世紀蘇格蘭作家湯瑪斯・卡萊爾（Thomas Carlyle）說過：「最重要的事情就是不要去看遠方模糊的，而要做手邊清楚的事。」

著名的作家兼戰地記者西華・萊德先生，曾在一九五七年四月號的《讀者文摘》上撰文表示，他收到的最好的忠告是：繼續走完下一哩路。文中，他寫了這樣一處情景：

「幾年前，我接了一個差事，每天寫一個廣播劇本，到目前為止，我一共寫了兩千個。如果當時簽一張「寫兩千個劇本」的合約，我肯定會被這個龐大的數目嚇

壞，甚至拒絕去做。好在只是寫一個劇本，接著又寫一個。幾年之後，就這樣日積月累真的寫出這麼多了。

「當我推掉其他事情，開始寫一本二十五萬字的書時，心裡一直很焦躁，甚至放棄一直引以為榮的教授尊嚴，也就是說幾乎想不開。最後，我強迫自己只去想下一個段落怎麼寫，而不是下一頁，也不是下一章。整整半年的時間裡，我除了一段一段不停地寫以外，什麼事情也沒做，結果居然真的寫成了。」

任何人都不能瞬間完成一個有挑戰性的目標，只能一步步地走向成功。我們拆解目標的目的，是為了按部就班地去做那些分解之後的小任務，以免形成過大的心理壓力。不管這個環節是容易還是困難，都不要思慮太多，認認真真去執行，專注於當下要做的事，感受完成它的喜悅，然後繼續投入到下一個小目標中。

如果鐘錶的秒針和人一樣，也有情感和思考能力，在聽到一年要擺動三千兩百萬次的大任務時，可能也會心生畏懼。好在它是機械的，在電量充裕、沒有硬體問題的條件下，只要它每秒鐘順利滴答一下，一年過去之後，它就實現了這個目標。

這也提醒我們，在執行小任務的過程中，不要用終極的大目標來「嚇唬」自己，也不要過分關注「還剩下多少路程」，只要專注於眼前的每一步，努力去完成每一個階段性的目標就行了。**思考人生目標的時候，目光要放得長遠一點；真正做事的時候，目光要放得近一點，把每一個飽滿的現在串起來，就成了你想要的那個未來。**

08 依靠意志力，不如依靠儀式習慣

無論是堅持做一件事，還是拖延不去做一件事，人們往往都會想到一個詞：意志力。

意志力真的有那麼強大嗎？相關研究機構的實驗結論道出了真相：人類行為只有五％是受自我意識支配的，有九十五％的行為都是自動反應，或是對於某種需求或緊急狀況的應激反應！

如果強大的不是意志力，那是什麼呢？

思考一下：飯前洗手、飯後漱口、睡前刷牙、清晨洗臉，這些事情你需要靠意志力完成嗎？同樣是這些事情，三四歲的孩子能在沒有大人提醒的情況下，自動自發地做到嗎？對後者而言，似乎有些難度，差別不在於意志力，而在於沒有養成習慣。

當一件看似艱難的事情（對小孩子來說，飯前洗手、睡前刷牙也是一件不容易的事），變成了深入骨髓的儀式習慣後，做起來就是自然而然的。如果我們有意識地去形成固定程式，養成做某事的習慣，那麼在意志力薄弱的情況下，仍然可以按部就班追求長期目標。

解決方法 ⬇ 不費力，才能夠養成儀式習慣

要素1：不要貪多，一次執行一個重要的改變

古語說：「貪多嚼不爛。」在養成儀式習慣時，要謹記這個教誨，切忌一次設定太多的改變，這很容易導致計畫失敗，退回原形。如此一來，不但會打破原來的計畫，還會給自己帶來情緒壓力。習慣的養成是緩慢的，每次全身心地投入到一個重大的改變上，把這一正向的行為固定下來，待其變成自然而然的習慣後，再去著

力其他的改變。

要素2：在相同的時間、地點，做相同的事

心理學家認為，塑造意圖可以大大提升完成任何活動的機率。當一個明確的意圖出現後，大腦的邊緣系統就會調整到「想做就做」的狀態，省略掉反復思考的過程，直接採取行動。那些我們已經養成的習慣，幾乎都是不需要思考和糾結就會去做的事。

作為自由撰稿人，我不需要坐在辦公室，但需要每天按部就班地完成寫作任務。為此，我給自己設置了一個固定的儀式：每天八點半開始工作，在進入書房之前為自己煮一杯喜歡的咖啡，這可以給我帶來「預見性」——要開始工作了。

你也可以嘗試，給自己設置一個固定流程，比如：每週六早上九點鐘，對家裡進行全面的大掃除；每週日下午一點鐘去逛書店，時間兩小時；每週三下午五點鐘游泳，時間一小時。

要素3：不隨意改變流程，在重複中強化

做一件事的固定流程，需要不斷地重複才能強化並保留下來，每暫停一次習慣就會削弱，下一次再堅持會更難。然而，在養成儀式習慣的最初，我們是不舒服的，甚至會找各種藉口試圖逃避行動；也可能會因為某些客觀原因，無法完成預定的任務。

面對這樣的矛盾，我們該怎麼平衡呢？

最好的處理方法是——不破壞規則，適當調整任務量！

你想養成慢跑的運動習慣，規定第一週每天跑三公里。可是，在執行到第三天的時候，你感覺有些疲憊，一想到還要跑三公里就發愁。這個時候，你可以把任務調整成「快走兩公里」或是「跑步兩公里」，只要做了就值得肯定，因為你維持了固定流程。

要素4：提供直覺證據，「看見」自己的努力

詹姆斯．克利爾（James Clear）在《原子習慣》中說：「視覺提示是我們行為的最大催化劑。出於這個理由，你所看到的細微變化會導致你行為上的重大轉

變。」在養成儀式習慣的過程中，我們也要為自己付出的努力提供視覺證據。比如，你想養成健康飲食的習慣，那不妨利用可記錄食物熱量的App，直觀地看到每一餐的熱量攝取，清晰地瞭解自己每天的攝取量是否超標，營養是否均衡。

要素5：設立回饋機制，階段性地給予自己獎勵

很多時候，我們不想做一件事，是因為無法即刻看到明顯的改變。不過，沒有看到進展，不代表它沒有發生，從量變到質變需要時間。那麼，我們怎樣才能鼓勵自己堅持呢？

答案就是：設立回饋機制！當自己完成了二十一天、三十天或一百天的階段性里程時，可以送自己一件喜歡的禮物，如精美的餐具、短程旅行、健康裝備等。這樣做的好處在於，可以讓我們在進步中獲得鼓勵，也能讓我們不再過分關注結果，轉而去享受追求結果的過程，當某一行為與愉悅建立條件反射後，這個行為就更容易延續下去。

總之，養成習慣是一個循序漸進的過程，需要慢慢來、持續走，從小目標開

始，伴隨著愉悅感與成就感前進，最終使其成為一種自發的行動，來抵消主觀意願與自制力的侷限。

09 給計畫留一點應對突變的餘地

斯賓塞．詹森（Spencer Johnson）說：「再完美的計畫，也經常遭遇不測。生活並不是筆直通暢的走廊，可以讓我們輕鬆自在地在其中旅行，生活是一座迷宮，我們必須從中找到自己的出路，我們時常會陷入迷茫，在死胡同中搜尋。」

每個人在生活中都遇到過這樣的情況：開展一項工作之前，把計畫做得幾近完美，想像著那最終的結果，內心就能蕩起美妙的漣漪。可是，當真正去執行計畫時，卻被現實冷不防地甩了一巴掌。剛進入狀態準備大幹一場時，沒想到突然空降了一些干擾事件，不想中斷計畫，可又不能把麻煩擱置不管，內心除了鬱悶還是鬱悶。

我自己深有體會，在寫到這一節內容時，我剛剛經歷完一場焦頭爛額的掙扎。原因就是，工作室的兼職作者完成的稿子，被編輯退了回來，要求修正和調整。而這個時候，兼職手裡又開始在做一個緊急的稿子。這就意味著，如果她不修改退回來的稿子，稿子就要被擱置，拖延出版計畫；如果她修改退回來的稿子，手裡的工作進度又會被影響。

無奈之下，我只好自己來修改退回來的稿子，以保證不影響兼職作者目前的工作進度。當然，這樣做的代價就是，我在處理完退回的稿子後，需要加班把自己手裡耽擱的事務完成，不然的話，我的工作進度也會受到影響。

事後，我自己做了反思和總結，光感慨「世事難料」沒有用，導致這一情況的實質原因是，我的計畫缺乏靈活性。我們吃東西的時候，不小心多吃了一些，通常都不會有什麼問題，因為胃是有彈性的。工作的計畫也是一樣，太過死板和緊湊，缺乏可調節的空間，稍有一些外來的變化，就會導致整個計畫被打亂。

正所謂，月滿則虧。這件事給我提了一個提醒，今後在制訂計畫時，應當量力而行，留一點餘地。畢竟，突發事件難以避免，我們需要有足夠的心理彈性去應對它。有了預留出的空白，我們在遇到不確定的變化時，就可以更從容地處理。

不過，這種靈活性得有限度，如果為了保證這種靈活性，導致無法完成重要的任務，那就得不償失了。有些任務是不具備靈活性的，碰到這樣的情況，就要想辦法確保計畫的執行。總而言之，別讓自己過於被動，靈活的計畫才有意義。

終結拖延 5

行動阻抗

——騎象人（理）與大象（情）的抗衡，
重點永遠都在大象

01 騎象人的勝利是意外，大象的勝利是常態

有了深層動機，有了長遠目標，有了詳盡計畫，一切都已就緒，「我」卻動彈不得，頭腦裡有兩個聲音在對峙，有兩股力量在角逐。這個過程有時很短，「我」會在片刻後投入到行動中；這個過程有時很長，「我」在上戰場之前淪為逃兵。通常來說，後一種情況是常態，「我」本不想做逃兵，卻總是無能為力。

這是拖延者在現實中最真實的體驗之一。在出現這樣的情況時，我相信每一個拖延者的內心都不好過，甚至被自責與愧疚占滿。親愛的，如果你正在經歷這一切，請停止對自己的責備，這並不都是你的錯。

心理學家喬納森．海德（Jonathan Haidt）在《象與騎象人》（*The Happiness Hypothesis*）中說：「我們的心裡，有一半正如一頭桀驁不馴的大象，另一半則像是坐在大象背上的騎象人。」

看看下面的對話，是否與你內心對峙的那兩個聲音無比相像？

——騎象人：「每天早起運動，身體素質會更好一些。」

——大象：「被窩裡好暖和、好舒服，真的不想起床！」

——騎象人：「健康飲食，才能遠離疾病和肥胖。」

——大象：「我好喜歡奶油蛋糕帶來的感官刺激，難以拒絕！」

——騎象人：「截止日期要到了，要抓緊時間寫稿。」

——大象：「我真的好累，不想動腦子。」

騎象人是我們內心理性的一面，它騎在大象的背上，手裡握著韁繩，思考著對與錯的問題，儼然一副指揮者的樣子。在有關自身發展的道路上，它經常會理性地引導大象走在更長遠的道路上。不過，騎象人對大象的控制水準並不穩定，時好時壞。

大象是我們內心的感性一面，它很簡單，不考慮對與錯，只考慮喜歡和不喜歡。感覺舒服的、喜歡的就去做，感覺不舒服的、不喜歡的就儘量擺脫。如果大象與騎象人對於前進的方向出現了分歧，那麼騎象人注定會落敗，絲毫沒有還手的餘地。畢竟，跟六噸重的大象比起來，騎象人顯得微不足道，它的勝利只是意外，大象的勝利才是日常。

理性與感性的碰撞不可避免，而騎象人總是無奈地敗下陣來，這也是既定的事實。想要對付大象，用蠻力是行不通的。相信你也試過，狠狠地批判自己懶惰，調動自控力去克制某種本能的欲望，結果卻遭到了更強烈的「反擊」。

這無疑提示著我們，面對強大的對手，智取勝過強攻。我們要試著靠近大象，瞭解大象，摸清大象的脾氣，知道它想表達什麼，以及它的行為模式，找到其中的規律才能觸動大象。最終，讓大象與騎象人一起朝著彼此都渴望的目標前行。

02 認識你心中的大象，構建親密友善的關係

騎象人是富有遠見的，願意為了長期目標而做出短暫的犧牲。然而，大象是不考慮這些的，它就像一個貪玩的孩子，只貪圖眼前的享受。喬納森．海德在《象與騎象人》中這樣寫道：「我們的內心、情感會記住每種行為立即產生的快樂或痛苦，但是如果行為是星期一做的，成功則是在星期五才實現的，它就沒辦法把兩者聯結在一起。」也許，在此之前，你可能為了下面的情形多次責備過自己：

- 你有減肥的決心，也知道該怎麼做，為什麼還要吞下一大塊奶油蛋糕？
- 你發誓不再熬夜，也知道早睡對身體有益，為什麼還是忍不住滑手機？
- 你想考上研究生，也制訂了背單詞的計畫，為什麼還在不停地打遊戲？

現在你應該知曉了這些問題的答案：無論是吃蛋糕、玩手機，還是打遊戲，其本質上都是一樣的，就是投入其中立刻就能得到快樂，哪怕它是廉價的、劣質的。

然而，要培養健康的飲食習慣，要忍受鍛煉時和鍛煉後的肌肉痠痛，要不斷重複地學習才能記住和熟練運用一個知識點，卻是一個艱難的過程！儘管這些事情在達成目標後可以帶給我們更大、更好的收益，可是大象很難將兩件相隔時間較長的事情結果連在一起。所以，在趨樂避苦的本能面前，九十%都是即時回饋占據上風。

幾乎所有的「壞」習慣，都與劣質快感脫不了關係，這也是誘發拖延的一個重要原因。大象趨樂避苦的本能很強大，但也不意味著問題無法解決。

喬納森．海德在《象與騎象人》中給出了非常有價值的建議，這也是解決拖延症的兩個重要方向：「記得做讓你怦然心動的事，或把事情變得怦然心動。」

很顯然，這是在提示我們：**瞭解並遵從大象的習性，構建親密友善的關係，用激勵的方式吸引大象做出有益於長遠目標的行為**。當我們完成了這個過程後，也就順利地進入了行動模式中。

《引爆變革之心》（*The Heart of Change*）的作者約翰．科特（John P. Kotter）與丹．科恩（Dan S. Cohen），曾經在德勤諮詢公司的幫助下完成了一份研究報告，揭示在最成功的組織變革方案中，領導者幫助他人看到問題或找到對策，憑藉的不僅是傳遞想法，還要影響他人的情感。概括來說，改變是因為領導者同時說服了大象和騎象人。

科特和科恩強調，人們通常認為改變發生的順序是分析→思考→改變。如果在變數已知、假設極少、目的明確的情況下，這種模式是有效的。但如果變數不夠清楚，結果不夠清晰，大象就可能因為改變帶來的不確定性而抗拒改變。

舉個最簡單的例子：背會這十道題，明天考試一定能通過，大象多半都會行動；若這些題目只是參考題，明天考試有可能會涉及，大象就可能提不起興致，畢竟只是「參考題」，也只是「可能會涉及」，萬一背了半天是做白工呢？

結合成功的變革案例，科特和科恩得出一個觀察結論：改變發生的順序不是分析→思考→改變，而是看見→感覺→改變。也就是說，看到一些產生感覺的跡象，觸動內心的大象，才會激勵它做出改變。瞭解了這一點，就能夠解決行動前的遲滯與糾結，對於說服大象配合，提供了指導和方向。

03 製造危機感，用負面情緒刺激大象

科特和科恩認為，改變很難是因為人們不願意改變卓有成效的舊有習慣，只要缺乏燃眉之急，員工總是因循守舊。所以，他們特別強調危機的重要性，並且指出：如果有必要，必須製造出一場危機，讓人們確信自己大難臨頭，除了改變別無他法。

一九八八年，北海派珀阿爾法（Piper Alpha）石油鑽井平臺發生了一場可怕的事故，瓦斯洩漏引起了爆炸，整個鑽井臺被分成了兩半。有一位記者描述當時的情景說：「生還者面臨著噩夢般的抉擇，要麼跳到一百五十英尺開外、熊熊燃燒的火海，要麼留在斷裂的鑽井臺上等待死亡。」鑽井平臺的一位負責人說：「要麼被燒死，要麼跳下去，我跳了下去，最後得救了。」

不得不說，恐懼確實是一種強大的刺激動力。許多健康教育工作者，也經常會

利用這一情緒，如：禁菸廣告裡常常會印著癮君子肺部發黑變形的照片，禁毒廣告裡常常會有吸毒者痛苦不堪的畫面，這些負面情緒對大象都是一種刺激。

心理學家馬丁・塞利格曼說過：「要是鞋子裡進了一顆小石子，很硌腳，你就會處理它。」從某種意義上說，想要快速引發特定動作，負面情緒可能會對我們有所幫助，它會促使我們把鞋子裡的石子倒出來，面對問題。

我在養成運動習慣的過程中，也跟「大象」對峙過許多次。慶倖的是，歷經一年多的時間，我已經成了這場戰役的勝出者。現在，我能保證一週四次左右的運動，且不需要刻意調動太多的意志力。反倒是，如果某一天不運動，又放肆地吃喝了一頓，才會覺得不舒服。特別是晚上躺在床上的那一刻，胃裡脹滿了食物，翻來覆去地睡不著，內心會湧現後悔和愧疚：真不該讓身體「負重」，吃太多本就不好，再不運動更是雪上加霜。

尼爾・費歐（Neil A. Fiore）在《擊敗拖延》（*The Now Habit*）中提到過：「我們真正的痛苦，來自因耽誤而產生的持續焦慮，來自因最後時刻所完成項目品質之低劣而產生的負罪感，還來自失去人生中許多機會而產生的深深悔恨。」

結合生活中的許多情景，我們會發現事實的確如此：當我們做了自己不認可的事情，當我們違背了自己的良心和信念，或者從事一項讓自己後悔的活動，這些過程都會讓我們產生負罪感或愧疚感。這種負向的體驗，可能會促使我們放棄當前的活動，從而開始另一項有益的活動，比如：想到打半天遊戲之後的空虛及無盡的懊悔，可能會放下手機遊戲，選擇去讀一本對工作有益的書；想到暴食過後的羞恥與慚愧，可能會有意識地控制攝取量，讓自己認真品嘗食物的味道，用享受來代替放縱。

這份「悔恨感」就是一個可以利用的負面情緒，我也親自試用過：在面對喜歡或誘人的食物時，趨樂的本能會讓「大象」產生放縱一下的衝動。這個時候，我立刻回想吃撐了的自己躺在床上睡不著覺的難受情景，以及內心湧出來的強烈自責與愧疚。大象是很聰明的，在這種負面情緒的刺激下，那個想大吃一頓的衝動瞬間就被壓下去了一半。畢竟，它也害怕重複體驗那折磨人的愧疚感。

對抗拖延，就是苦與樂之間的一場較量，動機需要慢慢積累。負面情緒算是一個有價值的武器，如果同時還有其他的動力來源，那更能促使我們去執行積極的活動。

04 先調動最少的資源，跳出舒適的狀態

你有沒有發現：一項令人厭煩的事物，最棘手的部分往往在於最開始的幾分鐘，恰恰是這幾分鐘造成了行動障礙。其實，**那件被我們推遲的事項，一旦開始做了，並沒有那麼難，它只是在最開始的階段顯得很難。**

儘管我們已經把大目標進行了分解，每天要完成的只是很小的目標，可對於大象來說，從-1到0的距離依舊是很遙遠的，它很容易心灰意冷。這個時候，我們需要安撫大象，設置一個極短的目標，讓改變的幅度看起來很小，促使大象邁開腳步。

假設你正在看一檔娛樂節目，放鬆愜意得很，但你忽然想起來，還有一份產品說明書沒有寫完。趨樂避苦的大象，當然不願意直接從沙發上站起來，到書房去撰寫產品說明書。畢竟從關掉電視到投入工作，這兩個動作需要很大的心理跨度，完成這個任務，得調動強大的意志力，耗費太多的能量，太難了！

面對這樣的情況該怎麼辦呢？注意！這個時候，給大象設置一個極其短小的目標，確保調動極少的資源就可以完成的第一步——關掉電視！不要去想接下來做什麼，也別去想「我要去工作了，關掉電視吧」，更不要有「馬上就要去做痛苦的事情」的念頭。

為什麼呢？因為當你的思維被這種消極的念頭占據時，你就再也無法動彈了。別忘了，大象的力量是很強大的。只把你的思維放到「關掉電視」這個動作上，拋開其他的想法，完成這個簡單到難以失敗的任務，你就從舒適、快樂的狀態中邁出了第一步。只有先離開沙發，把自己置於一個中立的位置，你才能夠去做接下來要做的事。

六歲的女兒剛開始練硬筆書法時，對於每天完成四行字的任務，也是拖延得厲害。等把其他事情都做完了，不得不面對這份任務時，要麼望著練習本嘆氣，要麼分散注意力去玩文具，似乎怎麼都進入不了狀態。

對六歲的孩子來說，四行字（每行十個字）的任務並不輕鬆，因為要一筆一畫地練習，不能敷衍了事。可想而知，大象肯定是不想動的，多麼痛苦啊！為了削弱這種畏難的情緒，我建議女兒說：「妳先試試寫三個字，我看著妳寫。」等她寫完了，我會即時鼓勵一句：「寫得很好啊，也挺快的。」然後，她會繼續寫，很快就完成了一行。這個時候，她的抵觸情緒已經減輕了一半，開始逐漸進入狀態了。

這裡多說一句，有時我會建議她豎著寫，把四個字各寫一遍。這種變換順序的方式，可以讓既定任務變得不那麼枯燥。前面我們也講過，把任務設計成遊戲，目的就是吸引大象的興趣。慢慢地，女兒也掌握了類似的技巧，有一天她對我說：「每一行有十個字，相當於有十個小怪獸，每寫完一個，我就打敗了一個怪獸。」

總而言之，設置微小的目標，不用想著一下子完成整個任務，也不用希冀立刻就看到結果，先從安逸的現狀中邁出一小步，脫離舒適的圈子，就能給大象帶來動力和希望。

05 體驗到有所進展，才能進入良性迴圈

我們都喜歡待在寬敞明亮、一塵不染的屋子裡，同時我們也深刻地瞭解收拾家務、打掃死角有多麼辛苦。有時，由於沒有即時打掃，眼見著房間裡的雜物變得越來越多，沒洗的衣服胡亂地堆在床頭，廚房的料理臺上也已經油漬斑駁，透明櫥窗的架子上已經落了厚厚的一層灰塵……這樣的情景令人厭惡，同時也令人焦慮和畏懼。

問題是，一時不去處理家務問題，情況就會變得更嚴重，而我們的內心也會越來越退縮。惡性循環就這樣產生了。那麼，我們究竟在恐懼什麼？又在逃避什麼？

把髒衣服扔進洗衣機並不是什麼難事，也不會令人感到害怕；用一塊抹布擦拭灰塵，似乎也不是太困難。可，就是這些微不足道的小事，疊加在一起讓我們感到恐懼，忍不住地想要拖延。因為一想到「家庭大掃除」這幾個字，我們的腦海裡就

浮現了一個終極目標：要把整個房子都打掃得一塵不染，才算大功告成。

望著這個艱難的大目標，頭腦裡的大象想到的是一路需要攻城拔寨的任務，從客廳、臥室到廚房、廁所，從髒衣服、布滿灰塵的櫃子到地板、馬桶；望而生畏的任務讓我們無力邁出第一步，感覺要做的事情太多了。

其實，在處理這類問題時，打造早期成功，就是在打造希望。踏上行動之路，讓大象看見自己取得的進步，體驗到事情有所進展，就會給它繼續前行的動力。所以，我們就要設計一個「奇蹟尺規」，把注意力聚焦在可以看見的小里程碑上。

有一位名叫馬拉．西利的家務達人，提供了「五分鐘房間拯救行動」：

第一，拿出廚房計時器，定時五分鐘；第二，走到最髒最亂的房間，按下計時器，開始收拾；第三，計時器一響，坦然停工。這樣的操作，是不是很簡單？別小看這簡單的五分鐘，它其實是應對大象的一個小策略，也是一個「奇蹟尺規」。大象不喜歡做那些無法即刻獲得回報的事情，如果要讓它行動，就得向它保證這個任務很容易完成，只要五分鐘就行了，能有多難？

我們都知道，收拾五分鐘不會有特別明顯的效果，但這並不重要，真正重要的是，你開始行動了！**開始一項不喜歡的活動，永遠比繼續做下去要難。**所以，只要開始去做這件事，即便五分鐘的時間到了，依然還是有可能繼續打掃下去的。

大象會驚喜地發現，原來收拾這個房間也沒有那麼困難，並且會開始欣賞自己的成果：乾淨的洗手臺、光亮的馬桶、整潔的廁所，接著是乾淨的客廳，煥然一新的廚房……自豪感與自信心交替增長，形成良性迴圈。

「五分鐘法則」相當於一個觸發扳機，讓大象快速地體會到有所進展的感覺，從而減少行動的阻力，樂意把有益的活動繼續下去。要讓不情願的大象挪動腳步，縮小改變的幅度是關鍵。延伸到生活中的其他事件，這個辦法也同樣適用。

美國心理學家艾倫．凱茲丁（Alan E. Kazdin）曾經鼓勵父母：「捕捉孩子表現良好的時刻」，他說：「如果你希望女兒每晚做兩個小時的功課，就不應該一直等孩子自動自發寫完作業後才給她讚美和鼓勵。」其實，你應該即時給予回饋和鼓勵，哪怕是在任務剛開始的階段。

就這樣，一步又一步，大象逐漸告別了恐懼的情緒，也變得願意合作，因為它的努力獲得了回報，事情也有了進展和起色。每邁進一步，大象都會感覺到變化，始於恐懼的旅程開始有了改變，它也獲得了信心與自豪。

06 用行動滿足需求，實踐五秒鐘法則

當你滿腦子都在糾結「要不要去做」、「做了會怎樣」、「不做會怎樣」時，大象肯定是不想動的，哪怕它知道做一件有益的事可以帶來積極的結果，可眼下的舒適狀態，實在讓它難以捨棄和脫離。

我們說過，大象會因為改變帶來的不確定性，以及無法把當下的行為和最後的積極結果聯繫在一起，而抗拒改變拖延的狀態。即便我們反復地進行分析論證，也沒辦法消除這股抗拒的力量。如何才能打破這種模式，少一點糾結猶豫，讓行動變得簡單一點呢？

我們不妨借鑒《五秒鐘法則》（*The 5 Second Rule*）一書中給出的有效建議，這本書是作者梅爾・羅賓斯（Mel Robbins）從人生最低谷中總結出的心得，當時她遭遇了中年危機，事業陷入瓶頸期，婚姻亮起紅燈。與此同時，她的丈夫也面

臨現金流的困難。家庭的危機讓她心灰意冷，對任何事情都提不起精神，每天起床時，她都要經歷一場自我鬥爭。

忽然有一天，她看到了NASA（美國聯邦政府的一個政府機構，負責美國的太空計畫）發射火箭，倒數計時：五、四、三、二、一，這一刻她忽然受到了啟發，她想：「明天我要準時起床……像火箭一樣發射。我要在五秒鐘之內坐起來，這樣我就沒時間躊躇退縮了。」

果不其然，她做到了。然後，她開始在生活和工作中更廣泛地運用五秒鐘法則，提高自己的行動力，緩解意志力低下的問題，屢試不爽。原本一事無成的重度拖延症患者梅爾・羅賓斯，逐漸地從失敗的境地中爬出，並成為人生贏家，登上TED演講分享她的成功經驗。她親身證明了「五秒鐘法則」有效，也在全美掀起了「五秒鐘法則」的運動風潮。

也許你會心生疑問：只是簡單的一個倒數計時，真的能讓人改變嗎？這到底有沒有科學依據？答案是肯定的。梅爾・羅賓斯在TED演講中提到過：「當你想改變你人生中的任何一個領域，有一個不得不面對的事實，那就是你永遠不會感覺想去做。」

我們都習慣安於舒適區，但這種做法最大的問題是，我們總是告訴自己「這樣挺好」，即使得不到最想要的那個東西也會告訴自己「沒有它也沒什麼關係」。我們的內心渴望改變，卻不願逼迫自己，這就是一直待在舒適區的原因，也是拖延行動的癥結。

當我們有了達成某個目標的行動直覺時，製造一個所謂的「發起儀式」，即倒數計時五、四、三、二、一，這個時候，我們內心的默認想法就被打斷了，而倒數計時的出現會刺激大腦的前額葉皮質，也就是負責行動和注意力的部分，促使我們做出行動。

以運動這件事來說，我想踏上跑步機開始三十分鐘的有氧訓練，但通常我不會馬上去做，而是會萌生出其他的想法：晚點再運動行不行？我能不能堅持跑下來？之後，我就可能把這件事往後拖，甚至放棄這一天的訓練，安慰自己說休息一下也無妨。

在這件事情上，我的需求是透過運動換得健康的身體，但這種需求與行動之間，卻不是直接關聯的關係，它們中間還隔了一層「我的感受」。如果在產生需求的那一刻，我開始倒數計時：五、四、三、二、一，那麼感受就被刻意掩蓋了，需求與行動則被直接關聯起來。這個步驟，就是在奪回我們對自己的控制權。**其實，需求與行動之間的關係本來就很簡單，透過行動去滿足需求，僅此而已。**

當我意識到每天要完成至少五千字的稿件時，我會在默念五、四、三、二、一，之後，立刻打開電腦。也許，空白的 Word 文檔可能讓我產生短暫的不適，但它也會迅速喚起我對文字的記憶，我的記憶神經會自覺給予心理暗示：現在該寫稿了，那麼，我要確定什麼樣的主題跟立意呢？漸漸地，我就會進入寫作狀態。

當一個習慣尚未形成之前，大腦需要反復思考，消耗一定的意志力，才可以將其完成。但習慣形成後，就能夠直接跳躍到行動上，變成一種自發模式，無須依靠意志力也可以順利完成。

07 營造特定環境，阻止無益行為的發生

在工作中的過程中，你一定也體驗過分神之苦：剛剛進入工作狀態，頁面突然彈出來一則爆炸性新聞，儘管你知道眼下要做的事情很重要，可那頭喜歡熱鬧的大象卻禁不住誘惑，對於富有吸引力的標題難以抵抗……於是，工作就被中斷了，完成的時間也開始向後拖延。

能不能解決這個問題？當然可以，且非常簡單。當對話方塊彈出的那一刻，選擇設置，讓通知不再彈出！只有你想去看的時候，才可以主動去流覽，而不是任由它在電腦螢幕上肆意地閃現！同理，如果你不想被社群軟體如臉書、微信等消息干擾，那就不要在電腦頁面上登錄這些軟體，把手機放到看不到的地方，如收到背包裡、放到抽屜裡，待特定時間再拿出來。這樣一個很小的操作，就是在設計特定的環境，讓不喜歡的行為難以出現。

如果你早晨總是習慣性地賴床，而自己又很不喜歡這個行為，希望能夠不拖延起床時間，鬧鈴響了就能起來，而不是用手關閉它，假裝一切都沒發生。那麼，你或許可以入手一個「逃跑鬧鐘」，讓懶覺睡不成！「逃跑鬧鐘」是美國麻省理工學院女學生戈麗．南達發明的，這個鬧鐘長著輪子。晚上入睡前調好時間，到了第二天早上，逃跑鬧鐘不僅會鈴聲大作，還會從床頭滾下來，在房間裡竄來竄去，迫使你不得不從床上爬下來追著它跑。想像一下：穿著睡衣，趴在地板上，一邊努力地睜開眼睛，一邊不停地咒罵一只滿地亂跑的鬧鐘，是什麼感受？

普通的鬧鈴或是手機鬧鈴，按一下或滑動一下就能停止響聲，讓你接著睡。可是，逃跑鬧鐘的存在，徹底打破了原來的模式，它重新設計了一個特定的環境——你必須追著它跑，捉住它！這個過程並不好玩，等你追到它的那一刻，你基本上已經睡意全無，讓你繼續睡也沒那個興致了。

總而言之，**設計特定的環境，促使有益的行為更容易發生，讓不受歡迎的行為難以發生，可以有效地幫助我們解決很多生活問題**。具體要設計什麼樣的環境，每個人可以結合自身的情況，盡情地發揮想像力與創造力。

終結拖延 6

低效模式

—— 切斷分心的誘惑，重塑時間價值

01 是什麼偷走了你的時間和自由？

加拿大學者皮爾斯・史迪爾（Piers Steel），在拖延症研究領域頗有建樹，他在《不拖延的人生》（*the procrastination equation*）一書中提出了一個公式，具體生動地闡述了拖延的主因：

U=EV/ID

U（工作效率）＝E（成功的期望值）V（工作收益）/I（分心度）D（拖延程度）

顯然，分心度的大小直接影響著工作效率的高低，兩者是反比關係。分心度越大，工作效率越低。拖延者總是嫌時間流逝得快，抱怨時間不夠用，實則多半都是在分心的問題上栽了跟頭。

Nina是一個典型的拖延者，還起了一個自嘲式網名：「窮忙族中的ＶＩＰ」。

她每天早出晚歸，在辦公室待的時間超過十小時。自認為已經很努力，可升職加薪的事兒卻總是與她擦身而過。她有時會想：是不是老闆對我的表現不滿？我都這麼勤奮了，連自己的私人時間都奉獻給公司了，還要我怎麼做？

實際上，老闆對 Nina 還真有點兒不滿。這絕不是故意刁難，而是看似很勤奮的 Nina，拖延的毛病實在令人頭大。交給她一項任務，難度不大，也總要到最後一刻才完成，交上去的東西也是漏洞百出。看在 Nina 是新人的份上，老闆也就答應再給三個月的學習時間，讓 Nina 儘快提升工作能力，不然的話，就得咽下被辭退的果子。

失業迫在眉睫，Nina 不得不重新審視自己的工作態度和工作方法。她回想入職以來的這段時間，雖然自己每天在辦公室的時間很長，但真正用在工作上的時間也就只有一半而已，剩餘的那些時間，全都花在了網路聊天、流覽無關痛癢的網頁、打私人電話上了。

人是留在了辦公室裡，可注意力卻沒有全放在工作上，時間被大量的閒雜事務占用。等到不得不處理工作時，往往發現所剩的時間已經不多了。想加班趕個進度，也是心有餘而力不足，儘管沒幹什麼大事、要事，精力、體力卻明顯不支了。

透過 Nina 的個案，我相信你應該也意識到了，分心是一個徹頭徹尾的「時間盜賊」。有時，你可能僅僅是從一個專注的狀態中抽離出去三五分鐘，也很難再進入原有的專注狀態。畢竟，大腦在任務與任務之間進行切換，是需要時間來調整的。

分心行為是開始拖延的一個重要信號，當我們在思想或行為上開始分心時，其實是用迴避取代了高效的行動，比如：用逛街逃避處理不愉快的衝突、用讀小說迴避明天要演講的恐懼、用看電影迴避為明天的考試做準備。

分心的行為可以無止境地連結下去，你不想處理手上的工作，就去查看股市的消息，順便逛一逛網路商城，睏了沖一杯咖啡，再去翻兩眼雜誌，給朋友打個電話……糟糕的是，效能工具本身也可能會成為分心行為的一種，比如：原本你打開電腦是為了促進效能，但你沒有打開工作文檔，而是打開了臉書。

分心引發的問題，不僅是浪費當下的時間。我們都知道，一天有二十四小時，但時間的價值並不是均等的，大腦存在黃金時間，如果在頭腦機能最高的時間段，做了一堆無用的雜事或閒事，那麼失去的就不只是鐘錶上顯示的兩三個小時了。

終結拖延的目的是實現高效能，在自律中獲得自由。**所以，針對行動過程中的效率問題，我們要從兩方面著手：一是解決分心行為，保證思想和行動始終在目標**

軌道上行駛；二是提升專注力，讓時間的價值翻倍。做到了這兩點，再結合一些實用的時間管理技能，我們就可以在有限的時間內，高質高效地完成任務，為自己贏得享受生活的空閒，遠離拖延和窮忙的窘迫狀態。

02 淩亂無序的辦公桌是分心的雷區

你有沒有這樣的感觸：當辦公桌上堆滿了文件、書籍、日曆、水杯、手機等一系列物品時，心情會變得煩躁，思緒會一片混亂，完全進入不了工作的狀態？特別是找一件東西找不到時，翻來翻去，焦急萬分……好不容易找到了，時間已經浪費了不少，整個人也覺得疲乏了。

實驗證明，混亂的環境會瓦解人的意志，使人變得煩躁不安，做事效率低下。相反，乾淨整潔的辦公桌會讓人心情愉快，從而以更積極的精神風貌面對工作。年輕人打掃不僅僅是為了乾淨，這背後的邏輯還有「爽」。而我們每天近距離接觸的辦公桌，更是重中之重，乾淨整潔的辦公桌給人井井有條之感。

丫丫在一家網路公司做自媒體編輯，每天除了寫文章和審稿以外，還要整理和分析後臺資料。她平時就是一個「迷糊蟲」，丟三落四的事情時有發生，很少主動收拾辦公桌。幾天前拆開的文具包裝，同事送的糖果，各種贈品，還有許多紙質文件，都在電腦旁邊胡亂地堆著。桌面擁擠得可憐，挪動鍵盤都不方便。

看到這亂糟糟的辦公桌ㄚㄚ就心煩意亂，更別提專注工作了。後來，ㄚㄚ在整理後臺資料時發現，網友們對於「極簡生活」類的內容非常關注，她也受到了一些啟發和觸動。

在某個週五的傍晚，ㄚㄚ下班後沒有出去逛街，而是對自己的辦公桌進行了一場大掃除。那些堆積的垃圾和無用文件，統統被扔進了垃圾桶。看著整潔有序的桌面，ㄚㄚ的心情明快了許多。她期待週一上班時，能像煥然一新的桌面一樣，以清清爽爽的姿態投入工作中，遇見全新的自己。

居所、辦公桌等外部環境，反映著我們內心的狀態，整理環境的過程，也是在整理內心。人只有在由內而外都舒適的環境下，才能有效地集中精力，提升效率，不至於因心情煩躁或尋找東西而浪費時間。

解決方法 ⬇ 如何營造高效的工作環境？

方法1：斷捨離

日本雜物諮詢管理師山下英子認為，所謂「斷捨離」就是透過收拾家裡或者工作場所的雜物，也整理心中的雜物，從而讓人生變得開心和放鬆的方法。

斷，指的就是斷絕那些不需要的東西，不讓雜物進入辦公場所，比如各種贈品、化妝品包裝盒等。

捨，就是要捨棄多餘的廢物，大膽地把一些物品丟進垃圾桶，比如過期的文件、用不到的資料，放在桌上也是占地方，不如直接丟掉。

離，指的是脫離對於物品的執念。這是一個相對抽象的概念，比如：幾本工具書放在辦公桌上，總以為某一天查資料時會用到它們，所以一直捨不得帶回家。事實是，幾個月來，你可能一直都沒打開過它。

拋棄了對物品的執念才能獨立思考，理性地做出選擇，保持辦公桌上永遠只有必需品，最大程度上減少對工作的干擾。打掃辦公場所、整理桌面，看上去只是清理物品，實則是與拖延之間的一種抗衡。

方法2：分類整理

整理的精髓，不是單純地把東西擺放整齊，這不是最終目的。舉例來說，對書架進行整理時，將書本按照大小進行歸類，或者把資料文件按照紙張的大小和顏色進行歸類，看起來是挺整潔的，但無法提升工作效率。在尋找相應的書籍和文件時，依然要一個一個翻看，花費不少時間。所以，我們要學會分類整理，提高效率。

第一，對辦公室資料和用品進行分類：現在要用、將來要用、永遠不會用的

現在要用的東西，也就是今天或明後天需要的東西，如工具或與正在進行的專案密切相關的資料和用品，這些東西要放在手邊，有助於工作的順利開展。

你可能會遇到這樣的情況：這個資料可能某一天會有用？那個文件有可能會用到？你最好捫心自問：到底什麼時候能夠用到？給出一個確定的期限，如一週後、三週後、一個月後、三個月後，按照時間區間對這些東西進行分類。

如果無法給出期限，那就把它們歸為「不確定」的一類。到期後，如果這些東西還是沒有用到，那就可以歸為「永遠不會用」的類別中，然後無情地捨棄掉。

第二，按照有效的標準疊放資料與文件

何謂有效的標準？不是簡單地按照資料和文件的紙張大小和顏色來分類擺放，那樣對提高效率沒有任何幫助。我們要按照資料的重要性、時間性等標準來分類，並且有序疊放，便於尋找和使用，這才是有效的整理。比如：把最新的資料放在最上面，把最舊的資料放在最下面，這樣找資料時就很便捷了。

第三，善於用小工具整理物品

整理離不開工具，如文件櫃、文件袋、資料夾、裝訂工具、筆筒、名片夾等，看似很簡單的東西，懂得巧妙利用，可以發揮小效用。

- 現在用的文件，放在資料夾裡。
- 將來可能用到的文件，裝進文件袋裡。
- 永遠不會用的文件，丟棄或收藏於文件櫃裡。
- 散落在各處的名片，放進名片夾。
- 各種辦公筆放在筆筒裡。

・・・

這樣一來，你得到的不僅是一個乾淨整潔的辦公區域，還能夠快速地尋找到自己所需的資料和工具，人的心情和狀態也會變好。少了雜亂的事分心，自然就能把心思專注在重要的事情上、提升效率了。

03 應對工作干擾，你要主動出擊

工作，向來不是「一個人的事」，分工合作、溝通洽談必不可少。只不過，並非所有的溝通都發生在恰當的時候，總有些不速之客、意外的干擾，在你毫無準備時突然降臨。

張銳在私人企業擔任業務經理，新來的實習助理有事沒事就敲他辦公室的門，一會兒請示，一會兒報告，不知道是因為不熟悉工作流程、不敢擅自做決策，還是只想多露露臉，讓張銳這位上司知道她在認真工作？

沒過一個月，張銳就忍不了了。他找到人事部，提出對這位實習助理的意見：要麼解雇，要麼調職。她的工作方式，已經嚴重打擾了張銳的工作計畫和時間安排。有時，招商會的專案正做到一半，思路就被打斷了；有時剛想處理郵件，突如其來的一份報告，直接讓他忘記了郵件的事，再想起來時已經晚了。

幾乎每一個職場人都遇到過和張銳一樣的煩惱，自己正按部就班地做事，忽然空降了一個緊急事件；剛找到一點工作思路，下屬又跑過來彙報工作……每天還有各種臨時會議、電話、郵件，沒有預約的客人、無端的申訴、同事之間的閒聊，以及網路上的各種資訊，把正常的思緒攪成了一團亂麻，工作效率大打折扣！

日本學者對於時間浪費進行過一次調查，結果如下：

- 人們通常每八分鐘會受到一次打擾，每小時大約七次，每天五十到六十次；平均每次打擾的時間約五分鐘，每天被打擾的時間約為四小時。
- 在被打擾的時間中，有三小時的打擾是沒有意義和價值的。在被打擾後，要重拾原來的思路，至少需要三分鐘，每天至少要花費二．五小時做這件事。
- 每天因打擾而產生的時間損失大約是五．五小時，如果按照八小時工作制算，占據了工作時間的六十八．七%。

多麼可怕的數據！面對頻繁被打擾的現實，許多人把矛頭指向了外界，認為一切錯誤都在於那些「不速之客」。有這樣的情緒可以理解，但回歸到現實層面，我們不得不承認：這個世界上不存在完全沒有干擾的環境，我們也沒有資格和權利限制所有人的言行舉止。

解決方法 ⬇ 工作過程中各種干擾的應對策略

在應對打擾這一問題上，不要指望他人主動適應你的節奏和安排，而是要回歸到自我管理上。你要做的是主動出擊，讓別人知道你是怎樣的人，你有怎樣的目標和計畫，你有怎樣的做事原則和底線；同時針對不同的干擾來源，選擇相應的解決策略。

方法1：提前設置不被打擾的時間段

每天設置一個不被打擾的時間段，或是不受打擾的情況（如寫作、製作PPT時），讓別人知曉你的工作方式，知道你的原則與界限。在這一時間段，你可以把手機調成靜音，關閉網路通訊工具，不安排客戶洽談等事宜。

方法2：有選擇性、有技巧地接聽電話

不要一有電話就接，你要相信，在一定時間不接電話或少接電話，天不會塌下來。你可以設置留言電話，既能兼顧業務，也便於自己集中精力做事。然後，再設置一個專門回覆電話的時間，統一處理。在可接聽電話的時段，少說無關的話題，回答的語言儘量簡潔。

方法3：學會善意、婉轉地拒絕他人

總是被他人的請求臨時打斷工作時，不要礙於情面不去拒絕，那樣的話，你可能要額外付出很多時間來處理別人的問題，最終影響自己的工作。面對這些請求，要學會善意、婉轉地拒絕，這意味著你瞭解自己的目標，知道什麼事情對自己而言是最重要的。

方法4：設置查看社交媒體的時間與頻率

社交媒體的誘惑力不可小覷，LINE、臉書、YouTube、IG、抖音、小紅書……隨便打開哪一個都能滑個二十分鐘，要是自己發文，還總忍不住一直去看有誰按讚，又有誰留言。就像對待智慧手機和郵件一樣，我們也需要設定查看社交媒體的時間和頻率，其餘的時間段，將所有通知都關閉，專注於自己的工作任務。

04 你指望加班拯救你，加班只會毀掉你

曾經有人對全球五百強企業的一萬多名員工進行過調查，發現在每週四十小時、每天八小時的標準工作時間內，員工們每天真正的工作時間還不足六小時，大約有兩個小時是在做與工作無關的事情。於是，有人提出建議：平時多加班兩小時！

這也是不少拖延者的真實現狀：白天悠悠哉哉，下班開始工作，試圖用加班的方式來彌補損失的工作時間。那麼，加班到底能不能解決問題呢？

從表面上看，增加工作的時間確實可以提高產出，提升完成任務的機率，但實際的情況卻告訴我們，這不過是人為的假想！且不說這浪費掉的兩個小時無法挽回，就算是加班，也未必能扭轉不良的狀況。這項研究還發現：當一個人的工作時間超過八小時後，其工作效能會呈現遞減的趨勢。

為什麼加班看似是一種彌補措施，實則效用低下甚至會產生負效應？

一、大腦存在黃金時間，上午的時間價值是晚上的四倍

我們的頭腦在一天中的什麼時候最清醒？答案是，早晨起床後的二～三小時。經過一晚上的休息，我們在這個時間段裡，通常不會感到疲勞，大腦也處於條理清晰的狀態。可以說，這二～三個小時是大腦機能的黃金時間，如有需要高度專注的工作，不妨安排在這一時間段，很容易做出成效。

雖然每一天都有二十四小時，但時間的價值不是均等的。之所以不提倡加班，是因為早上一小時的時間價值，是晚上一小時的四倍！如果把大腦的黃金時間浪費在查收郵件、逛購物網頁上，那無疑是巨大的浪費。幻想著下午或晚上加班彌補損失，完全是一種「自以為是」的想法，因為到了下午和晚上，身體和頭腦都會感到疲憊，此時處理「專注性工作」，會顯得力不從心。不僅花更多時間，而且工作品質還不高。

二、為加班犧牲睡眠，是在透支第二天的專注力

錯過了大腦的黃金時間，就算加班也是事倍功半。從效率和質量上講，根本實現不了彌補的作用。不僅如此，如果因加班縮短正常的睡眠時間，不僅效率不高，

還會危害健康，甚至危及生命。

科學資料顯示，睡眠時間不足的人患上癌症的風險是一般人的六倍，患腦出血的風險是一般人的四倍，患心肌梗塞的風險是一般人的三倍，患高血壓的風險是一般人的兩倍，患糖尿病的風險是一般人的三倍！一項針對日本男性的調查顯示，平時睡眠時間不足六小時的人，與每天睡七～八小時的人相比，死亡率要高出二．四倍！

這些資料充分說明，縮短睡眠時間，無異於縮短壽命。退一步說，如果犧牲了睡眠，能夠換得高效率、高產出，那也無可厚非。可現實是，它不僅彌補不了白天的損失，還會透支第二天的專注力，對第二天的工作產生極大的負面影響，這簡直是得不償失。

有一項針對人們睡眠時間與大腦機能之間關係的研究：研究人員以每天睡眠八小時為基準，分別對比了每天睡八小時、六小時和四小時的人的腦機能。結果顯示，連續十四天每天只睡六小時或四小時的人，腦機能逐日下降。即使每天睡六小時，人的認知能力也會下降。另外一項研究表明，為了維持白天腦清醒的狀態，人每天需要七～九小時的高品質睡眠。

・・・

總而言之，別把加班當成拖延的退路，你指望它來拯救你，殊不知它會毀掉你。可靠的做法是，不虛度工作中的每一分鐘，重視時間的價值，對工作心存敬畏，既是一種負責任的態度，也是一種自我管理的能力。唯有杜絕時間的浪費，時刻考慮到工作效率，才能比別人創造更大的價值和收益。

05 以專注力為中心進行任務分配

關於時間管理的內容，相信你一定讀過不少，譬如：搭地鐵通勤的一小時，不要只顧玩遊戲，將其用來讀書；縮減每天查看郵件的次數，節省下來的時間去做其他事；把碎片化的時間利用起來，完成一件有意義的事……無論是哪一種形式，其基本思想都是相通的，即時間置換。

這當然是一種時間管理的方法，可問題是，它很難突破一天只有二十四小時的壁壘。換句話說，以時間為中心進行分配的話，我們還是很容易感覺時間太少、不夠用；沒做幾件事，一天就過去了……雖然沒有浪費時間，但效率卻沒有明顯的提升。

我剛從事自由業時，就是按照時間來給自己安排工作，除了不用通勤以外，基本上和上班沒有太大的區別。早上八點半開始工作，中午十一點半準備午餐。十二點吃過午餐後，休息一個半小時，下午繼續工作到五點鐘。

這樣的安排有利有弊，益處是比較規律，但弊端也比較明顯：一是每天的產出量不固定，狀態好可以多寫點，狀態不好就是完成兩篇文章的量；二是沒有多餘的時間去做其他喜歡的事情，如讀書、運動，都要安排在「下班」以後。很顯然，這完全是另一種形式的上班，根本沒有讓自由職業實現價值最大化。

後來，我無意間接觸到日本神經科醫生、作家樺澤紫苑提出的一個理念，如果能夠想辦法提升自己的專注力，就可以提高工作效率。在相同的時間內，可以輕鬆將工作量提高兩倍或三倍！用公式表示的話，即：專注力（工作效率）×時間＝工作量。

前面說過，大腦存在黃金時間段，如果在專注力高的時間段，做需要高度專注的工作，那麼產出的工作量就會加大。我開始嘗試用這種方法工作，把寫稿的任務安排在上午八點半到十一點半，這三個小時是我專注力最高的時段，我會杜絕一切干擾，專注地寫稿。為了均攤任務量，保證稿件的進度，我給每天定了一個五千字的任務尺規。

當我嘗試這樣做的時候，發現三個小時專注工作，基本上可以完成這一任務量的七十%～八十%，也就是三千五～四千字。這樣的話，午休後再工作一～一．五個小時，就能夠完成每天的既定任務了。狀態特別好的時候，一個上午也可能就把工作處理完了。

這樣一來，節省出來的時間，我就可以做另外的安排了。如果是專注力還有一些剩餘，我會用來讀書或聽書，做一點讀書筆記。當感覺有點疲勞時，我會立刻停下來，按照樺澤紫苑的另外一條建議，借助運動來重啟專注力。這是一舉兩得的事，既能養成規律運動的習慣，還能讓身體和頭腦重新充滿活力。

有氧運動對頭腦是很有益處的，作為神經科醫生的樺澤紫苑解釋說：「我們在進行有氧運動的時候，頭腦會分泌一種名叫腦源性神經營養因子的物質，它對腦神經的成長發育和正常運轉發揮著至關重要的作用。此外，運動時頭腦還會分泌一種叫作多巴胺的神經遞質，提高人的興致，使人產生幸福感。適度的運動之後，不僅能提高人的專注力，還可以讓記憶力、思考能力、工作執行能力等多種腦機能得到提高。」

大汗淋漓的暢快感會消除疲憊，讓專注力重啟。這個時候，我會重新進入學習或工作狀態，有時是閱讀心理學專業的書籍，有時是更新網路文章，抑或是為後續的工作任務做準備，列出框架或要點，這樣也有助於第二天更高效地啟動工作。

借助這些分享，希望大家也能夠對時間管理有一個新角度的認知。畢竟，**時間管理的本質不是時間，而是工作效率**。與其把時間分割，不如按照專注力來分配任務，在適合的時間做適合的事，以求獲得高效的工作與優質的生活。

06 貪多嚼不爛，一次做好一件事

心理學家愛德華．哈洛威爾（Edward M. Hallowell）對分心做過一個很具體的比喻：「一心多用就像是打網球時用了三顆球，你以為能面面俱到，以為自己的效率很高，可以同時做兩件或者多件事情，實際上不過是你的意識在兩個任務之間快速切換，而每一次的切換都會浪費一點時間、損失一些效率。」

在私企做祕書的 Coco，總是抱怨自己的工作：「每天事情太多了，要列印檔案，要去銀行繳費，要給客戶回郵件……有時，我都不知道該從哪兒下手。」

同樣是做文祕工作的 Tina，就職的集團比 Coco 所在的公司規模大很多，工作量自然不用說，可她卻不覺得日子難熬，經常能去新餐廳嘗鮮，能跟朋友旅遊，還有時間寫網路小說。

Coco 和 Tina 之間的差別，不完全是心態上的問題，更主要原因是，工作的方法。如果毫無頭緒，雜亂無章，即便只有幾項事務，也會折騰得暈頭轉向。

你在工作中有沒有這樣的經歷：原本正在全神貫注地做一件事，突然電話鈴響了，同事找你幫忙，上司又安排了新任務……迫不得已，只能中斷手裡正在進行的工作。來回折騰幾個回合，最後可能一件事情也沒完成，剛剛釐清的思路也變得混亂了。

思考最大的敵人就是混亂，神經學家發現：人的大腦透過語言通道、視覺通道、聽覺通道、嗅覺通道等來處理不同的資訊。每一種通道，每次只能處理一定量的資訊，超過了這個限度，大腦的反應能力就會下降，非常容易出錯。

舉一個例子，如果你專注地背單字，一天可以記住五十個單字。但若是你一邊背單詞一邊聽音樂，致使一部分注意力被音樂分散，結果一天只能記住三十個單字，效率大打折扣。剩下的二十個單字怎麼辦？儼然只能拖到明天再背了。所以說，太多的訊息會阻礙正常的思考，就像電腦的記憶體塞滿了處理命令，會導致運行緩慢或死當是一樣的道理。

要解決這個問題方法很簡單，效率大師傅恩·崔西（Brian Tracy）有一個著名的論斷：「一次做好一件事的人，比同時涉獵多個領域的人要好得多。」愛迪生也認為，高效工作的第一要素就是專注，他說：「能夠將你的身體和心智的能量，鍥而不捨地運用在同一問題上而不感到厭倦的能力就是專注。對於大多數人來說，每天都要做許多事，而我只做一件事。如果一個人將他的時間和精力都用在一個方向、一個目標上，他就會成功。」

如果你經常在工作中把自己搞得疲憊不堪，那麼很有可能是沒有掌握這個簡單的方法。試著讓大腦一次只想一件事，清楚一切分散注意力、產生壓力的想法，讓思緒完全進入當前的工作狀態，往往就不會因為事務繁雜、理不出頭緒而顧此失彼了。

做事就像拉抽屜，一次只拉開一個，滿意地完成抽屜內的工作，再把抽屜推回去。不要總想著把所有的抽屜都拉開，那樣會把一切都搞得混亂，讓自己精疲力盡，卻得不到好結果。試試看吧！你會有不一樣的收穫。

07 事分輕重緩急，掌握四象限法則

陳洋是一名大四的學生，近期面臨著畢業論文和就業的雙重煩惱。

半年前，陳洋經親戚介紹去了一家諮商公司實習。公司離學校很遠，來回通勤要花兩個小時。初入社會適應新角色原本就是一件頗有壓力的事，加之他還沒有正式畢業，畢業論文的事也讓他倍感焦慮。

眾所周知，畢業論文不過關學校是不准許畢業的。忙碌的生活讓陳洋難以喘息，每天穿梭在地鐵、校園、公司裡，當周圍同學把大量的時間和精力投入畢業論文中時，他卻忙於公司的事務，犧牲了寫論文的時間。公司老闆對陳洋賞識有加，但學校傳來的消息讓他措手不及：畢業論文沒有通過，不予頒發畢業證書。

這個消息如同晴天霹靂一般，讓陳洋感到無所適從，心中追悔莫及。拿不到畢業證書就意味著四年的努力付諸東流，而公司最後也不會給一個大學沒畢業的實

習生轉正職的機會。陳洋陷入了巨大的苦惱之中，開始懊悔為什麼之前沒有把時間分配好，當他是一名學生時卻沒有把主要精力放在學業上，導致了這樣難以接受的結果。

把事情按照輕重緩急排序，其實是時間管理的一大要素。日常生活中，我們每天都有很多事情要做，如果總是隨心所欲、想到哪件事就做哪件事情的話，最終的結果就是混亂、繁雜，因小失大。在有限的時間裡，首先做最重要的事情，這樣才能減輕我們的心理負擔，讓我們更高效、更自如地完成「次要」的事情。

解決方法⬇將事情分成緊急、不緊急、重要、不重要

著名管理學家史蒂芬·柯維（Stephen Richards Covey）提出過一個「四象限法則」，即把所有事情按照緊急程度劃分為四個範疇，即：第一象限為重要且緊急的事情；第二象限為重要但不緊急的事情；第三象限為緊急但不重要的事情；第四

象限為不緊急也不重要的事情。

第一象限：重要且緊急的事情

這類事情應當是放在最首位的。對於醫生來說，替病人開刀、進行醫學治療就是最重要的事情，容不得一分一秒的拖延；對於律師來說，準備好充足的資料，即時走上法庭為他人辯護就是最重要的事情；對於外送員來說，按時把食物送到客戶手中就是最重要的事情。所以，重要且緊急的事情，應當立即去做。

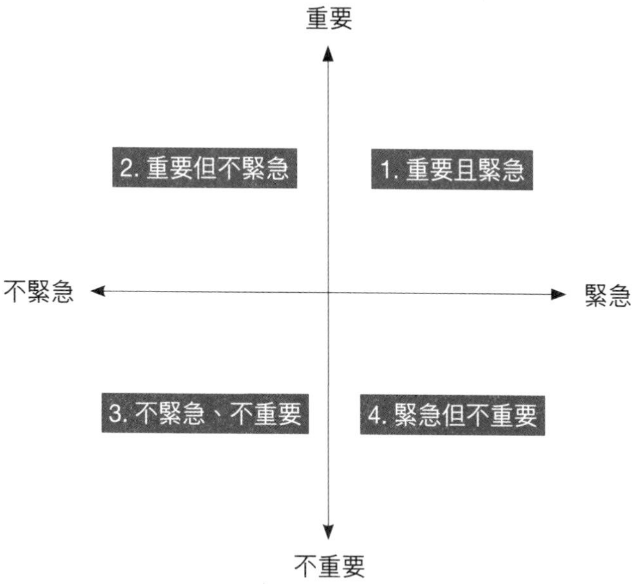

第二象限：重要但不緊急的事情

健身、學習第二外語、研讀某本專業書籍、建立一段人際關係……這些都是能夠幫助我們提高核心能力的事情，但並不是急迫的、非要當下執行不可的，需要制訂長期的計畫，循序漸進地完成。所以，這類事情可以放在次要位置，有條不紊地去做。

第三象限：緊急但不重要的事情

突然收到朋友聚會的邀約、快遞公司催促取快遞的電話、他人臨時請求我們辦的事情，這些都是屬於緊急但不重要的範疇。但由於其緊急性，常常給我們造成「這件事情很重要」的錯覺。這類事情大多是可以推辭掉的，或者可以在一定程度上延遲，並不會打亂我們原本規律的生活計畫。所以，緊急但不重要的事情，可以選擇委婉地拒絕，或者在時間充裕的時候處理。

第四象限：不緊急且不重要的事情

很多人覺得時間不夠用，恰恰是因為浪費在這類事情上了，看無聊的小說、滑手機、看搞笑影片、工作過程中回覆訊息或與朋友閒聊，寶貴的時間就這樣一點一點消耗了，而自己卻渾然不覺。儘管小說、影片這類以電子產品為載體的娛樂方式，能在一定程度上讓我們感到放鬆，在忙碌的工作之餘刺激我們疲憊的感官，但如果過度沉迷，只會適得其反。所以，這類「不緊急也不重要的事情」儘量不做，因為完全是浪費時間。

有沒有發現，四象限法則是以「價值」為基礎，對事情進行劃分的？我們做任何事情都脫離不了其價值意義，虛度年華、浪費時光，絕對不會是智者的選擇。

・・・

吳穎在一家公司的銷售部門工作，近期發展了好幾個客戶，其中有兩位客戶對公司的產品特別感興趣。在與他們溝通的過程中，吳穎可以感受到其中一位客戶的熱情；至於另外一位客戶，則是持觀望態度，抱著「瞭解一下但不一定購買」的心理。

毫無疑問，吳穎選擇把更多的時間投入在與第一位客戶的溝通上，對於持觀望態度的客戶，儘管也是有問必答，但投入的時間和注意力並不多。對吳穎來說，與有明確購買意圖的客戶溝通，在四象限中屬於「重要且緊急的事情」，而持觀望態度的客戶則屬於「重要但不緊急的事情」，可以適當放緩。

吳穎除了本職工作以外，還發展了一項副業：攝影。攝影是吳穎大學時期培養起來的興趣愛好，畢業後就作為副業了。週休二日的時候，她會接一些私人的單子，幫他們拍寫真。不過，當工作上有重要事情急需處理的時候，吳穎就會暫停接單。對她來說，本職工作才是最重要的，絕不能拖延耽擱。

現在，你可以試著把自己要做的事，分別填入到四個象限中。這樣一來，你就知道自己的時間該怎麼分配了，也知道哪些事要優先處理，哪些事可以放一下或交給別人，哪些事需要每天堅持做一點點，穩中求進。心中有數，就不會手忙腳亂了。

08 學會使用高效的「番茄工作法」

Susan在大學時期養成了一個不好的習慣，平時把任務一再推遲，總是自我安慰：「沒關係的，還有時間的啦！」到了時間快要截止的時候才開始拚了命地趕。大學時期的Susan發明了一套自己的學習方法：平時上課滑手機、作業隨便交差，然後到了期末考試臨近的時候通宵複習，窄窄的抽屜裡堆滿了各式各樣的袋裝咖啡。

靠著不錯的頭腦，Susan的成績還算過得去。她甚至開始沾沾自喜，對室友說：「看吧，我平時不用學也能及格。」表面上的Susan輕輕鬆鬆，其實背後卻付出了很大的代價。因為平時沒有認真聽教授講課，導致很多基礎知識都弄不明白，總得上網查資料，既繁瑣又疲憊，有時還要通宵複習，沒有一點休息的時間，身體幾乎撐不下去了。

最可怕的是，Susan把這種不良習慣帶到了工作中。每天上班時間悠悠哉哉地逛網頁、做其他的事情，到了臨近下班時間便開始瘋狂趕進度。當同事們梳理一天的日程，準備回家的時候，Susan 還在孤身奮戰，有時候要加班到很晚。令她不解的是，都把休息的時間用來工作了，為什麼效率仍是不高呢？

生活中有很多人像 Susan 一樣，在片刻的沮喪和懶惰之後會全身心地投入工作中，但在緊張急迫的情況下完成任務的品質並不高，而且身體上幾乎精疲力竭。

這種把大規模任務集中在一起解決的工作方式，並不值得提倡。人的身體不是機器，在一段時間的緊張運轉之後是需要短暫休息的，而那種「放任自我式」的長時間休息也不科學，「勞逸結合」其實是一件很值得考究的事情。

解決方法 ⬇ 找到工作與休息的平衡點

我們需要在工作與休息之間找到那個平衡點，最大效率地完成任務，又保證不會過於疲憊。那麼，具體該怎麼操作呢？

法蘭西斯科．西里洛（Francesco Cirillo）創立了一種時間管理的方法——「番茄工作法」。這種方法簡單易行，即選擇一個待完成的任務，將番茄時間設置為二十五分鐘，專注工作，中途不允許做除了工作以外的其他任何事情，直到時鐘響起，然後在紙上畫一個＊表示休息五分鐘，如此輪回四次可以多休息一會兒。如果中途不得已被打斷，則需要重新開始計時。

你或許會好奇：為什麼「番茄工作法」有如此神奇的魔力呢？

其實，這與我們人體的運行機制有關。當我們開始做一件事情的時候，注意力呈曲線狀，等到過了最集中的那個點，注意力就很容易被外在因素打斷，此時就需要片刻的中斷，然後開啟新的一段努力，第二十五分鐘就是那個最合適的時間點。

使用「番茄工作法」的好處有很多：

一、提升注意力，勞逸結合

看上去無邊無際的任務總讓人感到壓力巨大，而在「番茄工作法」之下，你只需要集中精力做滿二十五分鐘，是不是變得容易多了？

二、減輕焦慮感，加強決心

越是繁冗複雜的任務越是讓人心生焦慮，而「番茄工作法」可以有效改善這一點。你的心中會始終有個信念：只要我按部就班地做下去就一定可以完成任務，原本規模浩大的目標被分解成了一小段一小段，只要完成了眼下的二十五分鐘就會感到成就滿滿，焦慮感於無形中消失了。

三、改善任務流程，減少干擾因素

在平常的學習或工作中，難免會被身邊各種各樣的事物打擾，而「番茄工作法」其中有一項機制就是：當任務不得已被打斷時，終止計時，重新開始一段番茄時間。試想：二十五分鐘本就是一個不算長的時間，一般人是願意杜絕周圍一切干擾，專心致力於工作的。

．．．

盲目地付出精力有時候會適得其反，瞭解人體規律、科學地制訂工作方法才是我們應該做的。需要注意的是，「番茄工作法」中提到的時間長度設置並非固定不變，二十五分鐘只是一個建議時間，每個人可以根據自己的工作習慣和體能狀況調整。

計量時間的工具也不一定要用專門的「番茄鐘」，可以用普通的時鐘、手錶或是沙漏，但不建議用手機。現代人接觸手機太過頻繁，造成了依賴性，而「番茄工作法」的內在規律就是，幫助我們避免手機等干擾因素。

終結拖延 7

精力危機

——精力有限，需要有意識地補充、分配

01 沒有足夠的精力，拖延就成了必然

加拿大卡爾加里大學的教授皮爾斯．史迪爾，是世界上最有影響力的拖延心理學研究者之一。他在搬到明尼蘇達州攻讀博士學位時，與妻子想辦法租到了一套頗為理想的公寓。那是一間改造過的倉庫，房租很便宜，距離他的大學和妻子工作的地方都很近。更美妙的是，公寓與密西西比河只隔著一大片金色的麥田。

不過，世間之事少有完美。附近的麥田種滿了豚草，引發了皮爾斯的花粉症。在此之前，他的過敏症從來沒有嚴重到需要吃藥的程度。不過，在服藥之後，皮爾斯每天早上都要在妻子的反復督促下才能起床，工作狀態也是一落千丈。

皮爾斯不禁自問：我這是怎麼了？是壓力太大，還是憂鬱了？無意間，皮爾斯在藥盒背面看到了一行小字：「可能導致嗜睡。」這讓皮爾斯恍然大悟。他瞭解到，大多數的抗過敏藥物中都含有抗組織胺，這是安眠藥的主要有效成分。難怪他

在服用了藥物後，一直昏昏欲睡，工作也提不起精神。

藥物引發嗜睡的感覺，相信多數人在生活中都體會過，這種感覺就好像疲乏到了極點，眼睛怎麼也睜不開，頭腦不聽使喚，連很小的事情都會變得難以克服。同樣，即便沒有服用帶有安眠成分的藥物，而是因為過分勞累而導致精疲力竭時，我們也同樣會感受到被掏空、疲軟無力的痛苦。這個時候，讓你去掃地洗碗、清理車庫，你是絕對不願意的，就連平日處理起來並不費力的工作，也會忍不住想要拖延。

阿浩計畫每兩天跑一次五公里，他原本堅持得不錯，可是有一週工作出現變動，為了給客戶出圖，他幾乎天天都要加班到晚上九點，週末也變成了單休。阿皓每天通勤單程要花費一個半小時，白天還要工作，連續忙碌十幾個小時，回到家時他已經精疲力竭，癱在沙發上一動也不想動。那段時間，他完全把跑步的事拋在腦後，根本無力去執行。

精疲力竭會降低人的意志力。在某些特殊的時刻，我們無法全身心地投入要做的事情中，只想躺下來好好休息，不是因為心理上的惰性和其他癥結，而只是因為精力不夠，也就是人們常說的「心有餘而力不足」，而這也是拖延產生的生理基礎。沒有充沛的精力，就不能有高效率，想解決拖延的問題，務必要重視精力管理。

那麼，到底該如何管理我們的精力呢？概括來說，可以從三方面入手：

第一，減少不必要的精力耗損。

第二，把有限的精力用在重要的地方。

第三，用恰當的方式補充精力。

我們的精力猶如一顆可充電的電池。當這顆電池電量滿格時，就意味著精力充沛，可以高效地完成既定工作。但我們知道，電池的電量都是有限的，為了讓它發揮最大的效用，先得減少不必要的耗損，把精力留給最重要的事。否則的話，當電量被無端耗盡，正事卻還沒來得及做。

隨著精力的不斷輸出，電池的電量就會減少。我們不能等到「油盡燈枯」的時候再去充電，那樣的話，就像手機因電量過低而被迫關機一樣，重新啟動也是需要時間的。正確的做法就是，間歇性地補充精力，既不會浪費時間，又能保證相對穩定的狀態。

02 精力是有限的，要學會「扔猴子」

我們身邊都曾遇過這樣的例子，職場上有些人，無論別人提出什麼樣的請求，都願意伸出援手，可是好心卻不一定有好報。

善良沒有錯，身處任何時代，這都是值得尊重的品行。然而，善良不代表「來者不拒」，也不意味著沒有底線和原則。生活中有一類拖延者就是因為太過善解人意，才被迫陷入了拖延的境地。他們有求必應，甚至會把自己的私人時間挪用出來為別人辦事，只求得到一句「你人真好」的評價。他們的字典裡沒有「拒絕」二字，仿佛拒絕別人就是抹殺自己的價值。

我們要認清一個事實：人的精力是有限的，不做權衡和取捨是不理智的。在力所能及的範圍內，不用消耗太多時間精力，幫別人一個忙，無可厚非。如果有些請求本身已經讓你感到為難，而你已有一堆事務纏身時，再去接受這些請求，就沒必要了。

比爾・翁肯（Bill Oncken）提出過一個「猴子管理法則」，意思是說：「每個人都應該照看好自己的猴子。如果你是一個珍惜時間的人，就不要隨隨便便去接別人扔過來的猴子。如果有人總是把他的猴子丟給你，而你也接受了，那麼你的生活和工作會變得一團糟，因為你要花費大量的時間去照顧別人的猴子。」

如果別人的猴子正騎在我們的背上，或是對方要我們去背負他的猴子時，我們該怎麼做呢？專家給出的建議是：「雖然這個世界上到處都是猴子，但你能做的，只是挑選出一隻你真正關心的即可。如果可以，讓別人去照顧他們自己的猴子，如果他們不想處理，你也不應當試圖解決別人的問題。偶爾伸出援手沒什麼，但千萬不要讓人以為，你可以隨意接受任何人的猴子。這樣的話，你才能夠避免浪費自己的時間。」

其實，許多人心裡很清楚，說「不」是對自己的尊重，但他們就是說不出口。究其原因，要麼是不知道怎麼拒絕，要麼是擔心破壞融洽的關係，或是不理解拒絕他人請求的積極意義。

不可否認，拒絕他人可能會引起對方的不愉快，但也不能因為有這樣的擔心就隨意答應請求；更不能因為害怕破壞原本和諧的關係，就一直隱忍著委曲求全。為了減少不愉快的發生，我們在拒絕他人時，可以掌握一些方法和技巧。

解決方法⬇正確拒絕他人的方法

方法1：保持親密有間的關係

當你把自己置身於對方觸手可及的範圍內，你就有難以拒絕對方要求的危險，你可能會不好意思拒絕對方提出的請求，無端地給自己造成困擾。所以，生活中儘量與人保持適當的距離，讓自己時刻保持可拒絕的狀態。即便是關係很好的朋友，也應當親密有間。

方法2：聽對方把話說完再拒絕

當別人向我們提出請求時，就算內心已經有了拒絕的打算，也不要打斷他人的話，用「不」字去堵對方的口。你要真誠、耐心地聽對方把話說完，這樣做是為了表示對拜託者的尊重，也是向對方表明，自己對事不對人。

方法3：態度要堅定，話點到為止

當別人提出的請求，違背了你的個人原則或價值觀念，拒絕是必然的選擇。拒絕的目的，是讓對方清楚明白你的態度，所以，拒絕的態度要堅定，不能含糊其辭；但不是用言語攻擊對方，所以拒絕的話，點到為止就行了。如果不曉得拒絕的話要怎麼保持適度，可以引用名人名言、俗語諺語，來表達自己的意思或觀點。這樣既增加了話語的權威性和明確度，也不用浪費太多的口舌去解釋，還能達到點到為止的效果。

方法4：給出充分的拒絕理由

有力的拒絕一定要給出充分的理由，這樣做是絕對必要的。如果你在拒絕別人之前，沒有想好充分的理由，很有可能就會被對方的理由說服，畢竟他是來求助的，肯定很著急，也必然有所準備；你的理由不充分，在雙方交涉的時候，就會顯得蒼白無力。

方法5：給被拒者一點心理補償

當同事著急慌忙地找你尋求解決方案時，他只想到了向你求助，而你不便幫忙時，可以使用心理補償機制，向他提供另外一條可行之路，如：「你剛才說的這件事，我恐怕無能為力，但我有另外一個建議，你可以試試看……」如果你提出的建議能被對方接受，那自然是皆大歡喜；就算對方認為不可行，至少你也在盡力幫他了。

以上幾點方法，願能帶給你一些幫助。

03 積極休息，更換不同的活動內容

——「週六我去爬山了，感覺還不錯！你呢？」

——「我？睡到下午一點多，還是昏昏沉沉，提不起精神。」

——「是工作太累了嗎？」

——「說不清楚，就是感到精疲力盡，連收拾家務的心思都沒有了。本想著週六整理換季的衣物，結果又沒做成，渾渾噩噩地過了一天，唉！」

——「我能理解你的心情。人在感覺精疲力盡的時候，無論想做一件事情的動機有多強烈，體力或腦力都會拖後腿。」

——「是這樣的，所以我現在一到週末就只想睡覺，沒心力做其他的！」

——「這種狀態持續多長時間了？你覺得這樣休息有用嗎？」

——「一個多月了！說實話，怎麼睡都覺得緩不過來，還是累。」

這段對話，來自我和朋友的日常聊天。人在感到疲累時，休息是緩釋身心的唯一出路，但不是所有的休息都能達到放鬆身心的效果，因為休息也有積極和消極之分。

請注意，這裡說的消極和積極，與情緒狀態無關，而是指休息方式。

- 消極休息，是指一般的靜止休息、睡眠等，以「靜」為主，缺乏靈活性。
- 積極休息，是指用轉換活動內容的方法恢復身心活力。

當我們長期持續從事同一項工作，腦力和體力就會產生疲勞，讓大腦活動能力降低，精力渙散。此時，如果能夠適當地改變工作內容，就會產生新的興奮點，而原來的興奮點會受到抑制，讓腦力和體力得到調劑與放鬆。

許多人對休息這件事存在誤解，總覺得休息和工作是對立的關係，選擇休息就要徹底放下工作。試問：有幾個人能做到，累了就請假或辭職，安心在家休養？這並不符合現實原則，也不是積極休息的要義。多數時候，疲勞都是厭倦的結果。要消除這種疲勞，不一定非要停止工作，變換一下工作內容也是一種選擇。

哲學家盧梭（Rousseau）坦言，他只要工作時間稍長一點，就會覺得身心俱疲，且只要超過半小時專注地處理一個問題就會疲憊。為了解決這個問題，他讓自己不斷地處理不同的問題，累了就換一個問題繼續思考，這讓他的大腦保持著輕鬆愉快的狀態，而他的研究工作也沒有間斷。

解決方法➡用變化來減緩疲勞

英文《新約．聖經》的翻譯者詹姆斯．莫法特，每天的工作量是巨大的。據他的朋友講，他的書房裡有三張桌子，一張擺放著他正在翻譯的《聖經》譯稿；一張擺放的是他的一篇論文的原稿；還有一張桌子擺放著他正在寫的一篇偵探小說。然而，莫法特卻從未覺得精力不夠，或是疲憊憔悴，因為他就是靠從一張書桌挪到另一張書桌來休息的。

為了防止工作中出現的疲勞感降低工作效率，我們也可以效仿莫法特的做法，經常地變換工作方式、工作地點，或是幾種工作互相交叉同時進行，讓大腦一直處在新鮮的資訊刺激下。概括來說，「莫法特休息法」包含以下五種類型的「工作－休息」模式：

模式1：抽象與形象交替

研究理論問題可以與學習形象的、具體的問題交替進行，比如，在研究哲學、美學、歷史、心理等問題感到疲憊時，不妨去讀讀小說、散文，或欣賞圖片，讓大腦的左半球得到休息，充分利用大腦的右半球。之後，再去研究理論問題，會感覺精力得到了恢復。

模式2：轉換問題的切入點

面對同一個研究物件，切入點不同，大腦的興奮點也不一樣，這也可以達到休息和提高效率的目的。比如，讀一部理論專著，覺得從頭開始依序閱讀的方式很枯燥，不想繼續；這時，可以選擇去讀自己喜歡的章節，讓自己在興趣的調動下集中精力。

模式3：體力與腦力交替

這種方式很常見，就是進行一段時間的腦力勞動，感覺疲憊時，放下工作去做一些運動，如慢跑、跳繩、游泳等，酣暢淋漓地運動後，通常會感覺精神煥發。

模式4：動與靜交替

長時間用同一個姿勢學習、寫作或閱讀，很容易感到疲勞，適當地改變一下姿勢或變換地點，都可以興奮神經，消除疲倦。比如，長期居家辦公的我，每週五都會去圖書館或書店閱讀書籍和資料；坐著辦公一兩個小時後，我會調高桌子，站立辦公。

模式5：工作與休閒交替

工作是必需的，娛樂也不可少，和諧的生活需要有張有弛，方能長久。突擊式的工作只適合一時，時間久了，必然會引發危害。

在緊張工作的間隙，可以看看電影、聽聽音樂、爬爬山，體會一下休閒生活的樂趣，這不是浪費時間，而是愉悅身心的選擇，可以有效地提高創造力，甚至獲得某些靈感的啟示。

04 調整飲食結構，吃對了就不會累

立志減肥的莉莉，靠著半個月不吃主食的方法，成功瘦下來五公斤。體重的下降讓莉莉欣喜若狂，想起過程中的各種忍耐和控制，她也覺得值了。她還想沿著這條路繼續走下去，然而看似強大的意志力，很快就被瓦解了。

莉莉變得很情緒化，容易被激怒，做什麼都提不起精神，腦子昏昏沉沉的，整個人也變得極不開心，感覺生活都沒意思了。終於在不吃主食的第二十五天，莉莉精神上徹底崩潰了。她一個人跑到了自助餐廳，大快朵頤地吃著蛋糕、披薩、米飯、麵條……前面所有的痛苦和煎熬，也自此打了水漂，莉莉覺得，不吃主食的生活簡直是人間煉獄。

為什麼長時間不吃主食，身體會出現不良反應，人也變得鬱鬱寡歡、容易暴躁？

其實，最主要的原因就是，碳水化合物（醣類）攝取不足！

如果碳水化合物（醣類）吃多一些，是不是就可以讓人變開心呢？也許，吃的那一刻是這樣的，畢竟糖油混合類的東西很容易讓血糖升高，讓人感到興奮和快樂，但這類東西吃多了以後，會讓人變得懶懶的不想動，甚至昏昏欲睡。因為這些食物不容易消化，大量的血液要集中到胃部工作，導致大腦供氧不足。

所以說，早餐或午餐攝取過多高油高糖類的食物，對我們的學習和工作並沒有益處，非但補充不了精力，還會給身體增加負擔。倘若是晚上吃這些東西，消化系統還要加班勞作，身體更是難以得到充分的休息。

無論是網路還是現實中，越來越多的人開始青睞「抗糖」。從科學的角度來說，我們每天攝入的糖分不能超過四十克，攝入過多的糖會加速衰老，並引發各種慢性疾病。不過，抗糖不等於不吃糖，而是限量食用精製糖和升糖指數高的食物，如精緻白米、白麵；適量食用升糖指數低的食物，如粗糧、豆類等；儘量少食用熱量高、糖分高、無營養的食物，如餅乾零食、碳酸飲料等。要知道，緩慢釋放的糖分，才能為我們提供更穩定的精力。

除了糖類以外，蛋白質和脂肪也是不可或缺的精力來源。

我們的身體從毛髮、皮膚到骨骼、肌肉，再到大腦和內臟，乃至血液、神經組織、內分泌組織，都離不開蛋白質的參與，且蛋白質與免疫系統有密不可分的關係。

長期以來，人們對脂肪存在誤解，認為它是不健康的。其實不然，脂肪能夠緩解饑餓感、緩解餐後血糖上升的速度，有助於身體健康和細胞膜的修復。只不過，現代人的生活條件好了，脂肪攝入的量需要控制。通常來說，一個人每天攝取的油脂總量保持在每公斤體重一克以內，如果想要減脂，可以將每日的攝入量控制在每公斤體重〇・八克。在選擇脂肪時，儘量避開劣質脂肪，也就是反式脂肪酸，如食物配料表中的人造奶油、植物起酥油、奶精等；最好食用鮭魚、金槍魚、核桃、芝麻油等優質脂肪。

最後要說的兩大精力來源，就是維生素和水。水果和蔬菜是維生素的重要來源，兩者相比較而言，我們更推薦蔬菜，特別是綠葉蔬菜，它的維生素平均含量是各類蔬菜中最高的。在日常飲食中，建議每餐都要有一盤綠葉蔬菜。如果外出無法攝入足量的綠葉蔬菜，也可以選擇維生素片作為補充。

美國國家科學院醫學研究所建議，人每天的飲水量為每公斤體重三十CC，也就是說，體重是五十公斤，每天的飲水量應該為一千五百CC。水是生命之源，充足的水分可以增加身體的活力，提高皮膚和筋膜的品質，保持肌肉與關節的潤滑，並能夠延緩衰老。儘量少喝或不喝含糖飲料，讓身體保持更好的狀態。

・・・

現在，你不妨回顧一下：你平日裡的飲食習慣是什麼樣的？哪一類的食物攝取偏多？你工作時的精神狀態是否跟攝入的食物有關？千萬別小看「吃飯」這件事，如果總是吃精製穀物等單一化合物，很容易引起情緒波動，令人疲倦或沒精神。如果吃對了東西，不僅能讓身體舒暢，還能緩解壓力、改善情緒，讓我們獲得良好且穩定的工作狀態。

可能你會問：如果嘴饞怎麼辦？畢竟人有尋求快樂的本能啊！沒關係，我們可以利用「二八法則」來解決：如果你吃的食物中，有八十％都能夠提供足夠補充精力和健康所需要的能量，那麼剩餘的二十％，你完全可以吃自己喜歡的任何食物，只要控制好不超量就可以。

05 將有限的精力放在最重要的事情上

前不久，無意間在網上看到了一個和家庭教育有關的影片：桌子上放有一小袋米、一顆桃子和一個玻璃瓶，媽媽引領孩子做了兩次實驗。

第一次實驗，媽媽先把米裝進玻璃瓶，米占據了瓶子三分之二的容量，再把桃子放進去，此時桃子有一部分露在玻璃瓶口外，無法蓋上蓋子；第二次實驗，先把桃子放進去，再把米倒進玻璃瓶，此時桃子和米都被裝進了玻璃瓶，且可以蓋上蓋子。

借助這個實驗，媽媽讓孩子清晰地看到並領悟：玻璃瓶的容量是有限的，得先把重要的東西放進去，再放置細碎的東西，這樣一來，玻璃瓶的每一寸空間都能得到充分的利用。同理，人的精力也是有限的，要先用來處理重要的事，剩餘的再去做不重要的事。

生活中應該很少有人會給成年人重複這一實驗過程，但這並不意味著在精力投入的問題上，成年人一定比孩子處理得更妥當。同時，也不要小看這個簡單的實驗，它背後蘊含的是被廣泛運用於經濟學、社會中和管理學中的「二八法則」。

「二八法則」，也叫帕列托法則，最早是由義大利經濟學家維爾弗雷多．帕列托（Vilfredo Pareto）提出的。帕列托對社會財富分配進行研究，從大量具體的事實中發現：八十%的財富流向了二十%的人群，而八十%的人卻只擁有二十%的財富。儘管這個比例不是十分精確，但是大部分的價值比例會在這個範圍內波動。之後，他開始對此潛心研究，最後提出了具有普遍適用意義的「二八法則」。

「二八法則」告訴我們：八十%的產出源自二十%的投入，八十%的收穫源自二十%的努力。誰能在有限的時間裡，最大限度地減少耗損，利用更少的時間做更多的事，誰就是贏家。想要實現高效能，就要把時間和精力用在最具有「生產力」的地方，不能像老黃牛那樣只知道低頭拉車，這種低效率、低價值的勤奮，充其量就是一場自我感動。

朋友林奇是一家設計公司的主力，不久前剛被提升為設計部的主管。過去是骨幹員工，如同戰場上的先鋒，凡事親力親為，在上級的帶領下，作為某項具體任務的實施者，努力地達成目標、完成使命。現在是中階主管，身分角色變了，工作模式要從「讓我來」變成「跟我走」，在大局上把關，聚集下屬的能量，整合團隊的智慧。

這是每一個新中層必須面對和跨越的一道坎，許多人都在這上面栽了跟頭，林奇也不例外。上任的前兩個月，他完全是「兩眼一睜，忙到熄燈」：每天花費六～七個小時琢磨設計方案，還要兼顧部門裡的其他事務，經常是風塵僕僕地從外面回到公司，又急急忙忙地出去，設計部裡的每件事他都要親自參與，即便人不在，電話也要跟進，否則他一百個不放心。

以這樣的工作方式做中階主管，林奇的時間自然是不夠用的，經常是到了最後期限才拿出設計方案。由於事情太雜，很難靜下心思考，他構思出來的方案也不是太理想，客戶好幾次都表示，他們公司的創意能力不勝從前，效率也變低了，這讓林奇倍感受挫。

上級相信林奇的能力，也意識到他是沒能及時地轉變角色，於是向林奇提出建議：對精力重新進行調配，把八十精力用在最重要的事情上，無關緊要的事交給下屬，學會授權。

果不其然，三個月後，林奇的狀態好了很多，又慢慢找回了設計的靈感。

英國著名編劇喬爾根．沃夫（Jurgen Wolff）說過：「想要提高專注力，首先我們要明白專注力並不是要在每一件事情上都事無巨細，而是要盡可能地用在能夠給我們帶來正面效果的事情上。」

現在，請你花一點時間，找到能夠給你帶來最大收益的重要事項，將八十％的精力用在這能夠產生效益的二十％上面，集中優勢資源，讓這二十％帶動其餘八十％的發展。總之，時刻提醒自己，把主要的精力放在關鍵的少數上，而不是用在獲益較少的多數上。

06 留一點空白，享受自己的「滿足時刻」

來訪者小蕊待人溫和友好，有禮有節，是領導眼裡的敬業員工，與同事之間的關係也很融洽。為了維護自己在別人心目中的這份美好，她總是刻意掩飾自己的情緒。漸漸地，她變成了一個不太容易被人窺見內心的「假笑女孩」，患上了「微笑型抑鬱」。

當負面情緒在小蕊的內心一點點擴大領地時，她依舊保持著正常上下班的節奏，也能做到強顏歡笑，但工作效率低下的事實卻是無法掩蓋的。畢竟，人是血肉之軀，被負面情緒吞噬了大部分的心理能量後，她很難再拿出額外的精力，像過去一樣遊刃有餘地應對工作。

這是發生在諮商室裡的故事，而在諮商室外也有許多被情緒困擾的人，只是尚未嚴重到變成疾病的程度。面對情緒的耗損，我們迫切需要的是及時為自己補充情感精力、恢復工作狀態，避免因效率問題導致拖延，又因拖延而加重情緒困擾，陷入惡性循環。

這裡有一個關鍵性的問題，我們該怎樣為自己補充情感精力呢？

小表妹讀高三那年，經常把自己關在房間裡刷題庫。那段時間，她的狀態不太好，倒不是因為刷題庫帶來的辛苦，而是背負著巨大的心理壓力；而且高三的生活十分單調，幾乎就是兩點一線，讓她產生了一種「沒有盡頭」的錯覺。

家裡人見小表妹總憋在房間裡，心裡也很擔憂，就勸她說：「別太累了，看一會兒電視。」偶爾，小表妹會聽從家人的建議，到客廳看一會兒電視。可是，這並沒有讓她的情緒狀態有所好轉，且每次看完電視後，她心裡還會萌生出一點罪惡感，感覺時間都被浪費了。

偶然的一次機會，我和小表妹聊天，她說：「每天都很壓抑，只有體育課上跑幾圈出一身汗時，才覺得暢快點兒。」聽她說完，我提出了一個建議，能不能每天都給自己安排一段時間去跑步？小表妹說：「可以試試。」

後來，小表妹每天都抽出三十分鐘出門跑步，配速隨心情和狀態而定。那時剛好是春天，小表妹在跑了半個月後，與我分享心得：「看著春天剛發芽的樹枝條和地上萌出尖尖頭的小草，我感受到了一種由內散發出的生命力。」臨近高考的那幾個月，跑步的三十分鐘成了小表妹最喜歡的時間段，既自由又暢快，同時也減輕了繁重的學業壓力帶來的心理負擔，那種莫名的煩躁感、緊張感削弱了一大截。

為什麼看電視沒辦法緩解情緒壓力，跑步卻能讓人變得輕鬆愉悅呢？

心理學家契克森米哈伊（Mihaly Csikszentmihalyi）等人研究發現，長時間地看電視會導致焦慮增長和輕度抑鬱！看電視對思維和情感的影響，與垃圾食品對身體的影響，沒什麼兩樣。相比之下，調動其他正向的情緒恢復資源，則可以幫助我們有效地補充精力。

面對精力上的重度耗損，有什麼辦法能夠有效地幫助我們獲取正向情緒呢？

答案很簡單：留一點空白，享受自己的「滿足時刻」。所謂「滿足時刻」，就是讓自己體驗到愉悅和深刻滿足的感覺，或者說讓自己感到快樂和舒適的事物。

我的滿足時刻，來自於週末晚上安靜地看一部治癒系電影，感受簡單而精妙的臺詞中滲透出的生活智慧；朋友淘子最喜歡去拳館打拳，每次練習都讓她沉浸於其中，無暇思考其他。這個過程讓她無比享受，特別是心情不好時，痛快地打一場拳，很多煩惱都被甩了出去。

每個人的喜好不同，但總有讓自己舒適和滿足的選擇，看電影、閱讀、做SPA、畫畫、聽音樂會……無論哪一種，只要能給你帶來滿足感，都可以有效幫你補充情感精力。如果之前你沒有嘗試過這種方法，就從現在開始，找尋你的滿足時刻吧，多一點也無妨！

LEARN 066

為什麼事情做不完，你還在滑手機？：心理諮商師教你，改善拖延，先從照顧情緒開始

作　者—舒婭
主　編—陳信宏
責任編輯—王瓊苹
行銷企畫—吳美瑤
美術設計—Ancy Pi
內頁排版—張靜怡
編輯總監—蘇清霖
董事長—趙政岷
出版者—時報文化出版企業股份有限公司
一〇八〇一九臺北市和平西路三段二四〇號三樓
發行專線—（〇二）二三〇六—六八四二
讀者服務專線—〇八〇〇—二三一—七〇五
（〇二）二三〇四—七一〇三
讀者服務傳真—（〇二）二三〇四—六八五八
郵撥—一九三四四七二四時報文化出版公司
信箱—一〇八九九臺北華江橋郵局第九九信箱
時報悅讀網—http://www.readingtimes.com.tw
電子郵件信箱—newlife@readingtimes.com.tw
時報出版愛讀者粉絲團—https://www.facebook.com/readingtimes.2
法律顧問—理律法律事務所　陳長文律師、李念祖律師
印　刷—勁達印刷有限公司
初版一刷—二〇二二年七月十五日
初版九刷—二〇二四年二月二十一日
定　價—新臺幣三三〇元
（缺頁或破損的書，請寄回更換）

時報文化出版公司成立於一九七五年，
一九九九年股票上櫃公開發行，二〇〇八年脫離中時集團非屬旺中，
以「尊重智慧與創意的文化事業」為信念。

為什麼事情做不完，你還在滑手機？：心理諮商師教你，改善拖延，先從照顧情緒開始／舒婭著 . -- 初版 . -- 臺北市：時報文化出版企業股份有限公司, 2022.07
256 面；14.8×21 公分 . --（Learn；66）
ISBN 978-626-335-578-1（平裝）

1. CST：成功法　2. CST：生活指導
3. CST：情緒管理

177.2　　111008797

ISBN 978-626-335-578-1
Printed in Taiwan